紅沙龍

Try not to become a man of success but rather to become a man of value.
~Albert Einstein (1879 - 1955)

毋須做成功之士，寧做有價值的人。 —— 科學家　亞伯・愛因斯坦

一路走來的小英

1956
出生於台北市中山區（1956年8月31日）

1963
台北市立長安、吉林國民小學（1963～1969年）

1969
台北市立北安女子國民中學（1969～1971年）

1971
台北市立中山女子高級中學（1971～1974年）

1974
國立台灣大學法律系法學士（1974～1978年）

1978
美國康乃爾大學法學院法學碩士（1978～1980年）

1980
英國倫敦政治經濟學院（LSE）法學博士，主修國際貿易、國際經濟組織（1980～1984年）

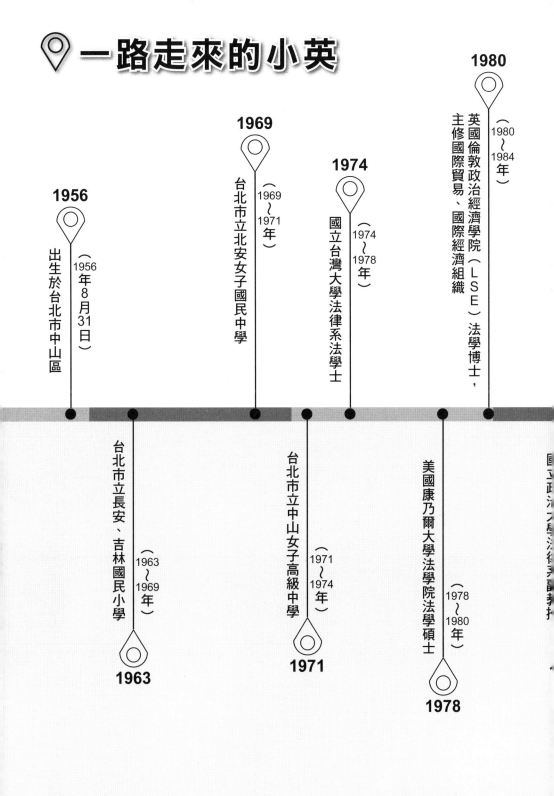

1984
（1984～1990年）

1991
東吳大學國貿研究所兼法律系所教授
（1991～1993年）

1992
經濟部國際經濟組織顧問
（1992～2000年）

1993
國立政治大學國際貿易系教授
（1993～2000年）

1993
經濟部貿易調查委員會委員
（1993～2000年）

1994
《港澳條例》起草研究小組計畫主持人
（1994～1995年）

1994
行政院大陸委員會諮詢委員
（1994～1998年）

1995
行政院公平交易委員會委員
（1995～1998年）

1999
國家統一委員會（第六屆）研究委員
（1999～2000年）

1999
國家安全會議諮詢委員
（1999～2000年）

2000
行政院大陸委員會（第六任）主任委員
（2000～2004年）

200
加入民進黨+出任立法院（第六屆）立法委員

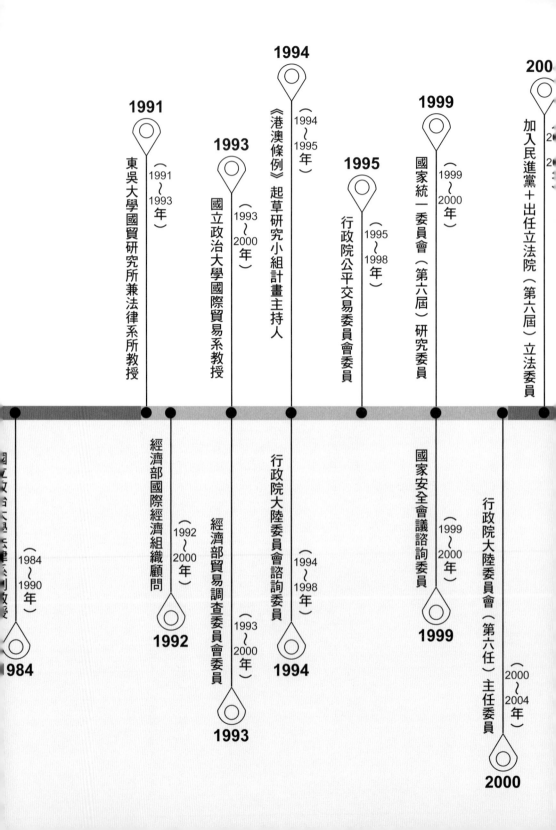

2006
行政院消費者保護委員會（第十任）主任委員（2006～2007年）

2006
行政院（第二十任）副院長（2006～2007/5年）

2007
宇昌生技董事長（2007/9～2008年）

2007
總統府國策顧問（2007～2008年）

2008
當選民主進步黨（第十二屆）黨主席，得票率57.14%（2008～2010年）

2010
當選民主進步黨（第十三屆）黨主席，得票率90.29%（2010～2012年）

2010
競選新北市市長，得票率47.39%（2010年11月27日）

2012
民主進步黨（第十三任）總統候選人，得票率45.63%（2012年1月14日）

2014
當選民主進步黨（第十五屆）黨主席，得票率93.71%（2014～）

2015‧‧‧‧
民主進步黨（第十四任）總統候選人（2015年4月15日～）

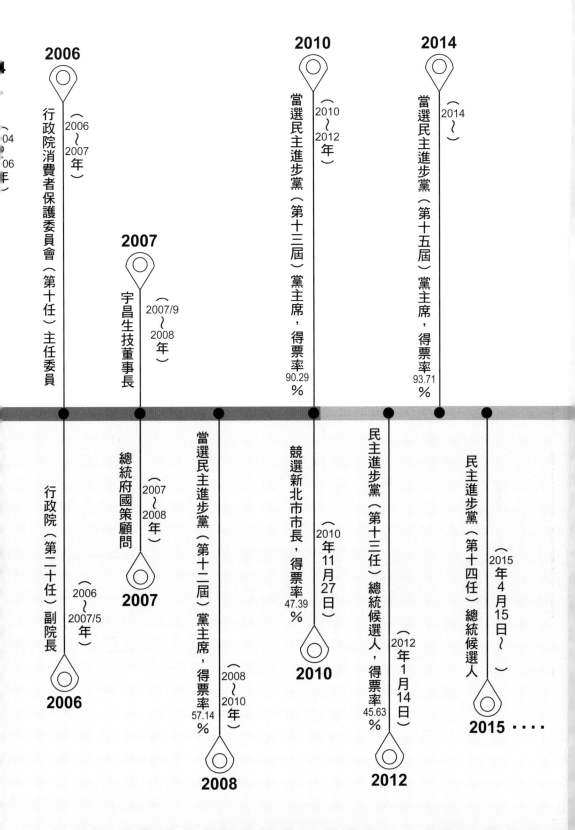

蔡英文

從談判桌到總統府

推薦序

認識蔡英文

蔡英文

這是一本關於我的書。在成為政治人物以前，我從沒想到有一天，蔡英文會做為書的主題，被這麼仔細地剖析和側寫。我很感謝作者和協助完成此書的朋友們，投入心血，相當完整地呈現我人生當中的重要歷程，從早年的經貿談判，到後來的從政之路，我的個人特質及領導風格，以及我對台灣未來發展的思考。

台灣正走到一個歷史的關鍵轉捩點，民主政治必須進一步改革和深化，以理性和包容化解激情和對立；兩岸關係也必須走出國共關係的框架，以廣泛的民意為基礎，建立可長可久互動架構；經濟及社會發展更是到了必須全面翻轉的時候，要下定決心，用耐心和毅力，打造出全新的發展模式。

我的人生非常地幸運，有機會親身參與了台灣幾個歷史性的轉變過程：

・從一九九〇年到二〇〇二年台灣加入ＷＴＯ（World Trade Organization，世界貿易組織），我在第一線參與關鍵談判，見證台灣經濟蛻變的歷史里程碑；

- 從一九九〇年代後期到二〇一五年兩岸關係的幾番巨大波動，和我擔任國安會諮詢委員、陸委會主委到民進黨主席，面對處理兩岸事務的經驗，有難以分割的歷史連結；
- 從二〇〇〇年民進黨執政到二〇〇八年二次政黨輪替，再到現在民進黨的浴火重生，更是促使我投身政治、邁上總統之路的歷史轉折。

沒有失敗，不會有真正的成功；未遇困難，不會有關鍵的突破。這對個人和國家都是同樣的道理。

二〇一二年總統大選之後，我放下得失之心，敞開心扉，走入民間和基層，走進台灣的各個角落，我看到很多經濟、社會問題對民生的衝擊和影響，也感受到許多人對未來的茫然，然而，我更體驗到台灣社會堅韌的生命力，聽到人民求新求變的心聲，看到許多年輕人為救自己未來而試圖衝破藩籬、打開出路的意志和勇氣。在台灣這塊土地上受到的衝擊洗禮，帶給人心無比的悸動，也讓我體認到對台灣社會和人民應承擔的責任，更加堅定要讓自己成為人民更好的選項。

回顧歷史，台灣的進步和發展，不是靠別人的賜與，而是台灣人民自己打拼出來的；敢於開創歷史，勇於改變國家的命運，才能走出當前的困境。我對台灣人民深具信心，也相信不斷累積的社會改革及創新能量，是台灣轉型和進步最大憑藉。

面對台灣另一個歷史的轉捩點，下一任總統必須挑起國家重擔；做為二〇一六年總統參選人，我很能夠理解，很多人都想進一步認識蔡英文，希望知道蔡英文具備什麼樣條件？有什麼樣的人格特質？有沒有領導和治理國家的能力？能不能讓人民放心將台灣未來託付給她？

所以，當《商業周刊》向我提出撰寫本書的計畫，希望從第三者的客觀角度，描述和呈現真實的蔡英文，我覺得它的意義比個人自傳更為重要，因而欣然表示同意，也指派和我共事多年、對我認識甚深的同事做為窗口，給予作者一切必要的協助，希望透過本書讓廣大的讀者可以更進一步認識蔡英文。

本書內容對蔡英文的描述，和我自己的認知雖然不能完全一致，但從認識蔡英文的角度，我尊重作者的觀察與分析。資深記者張瀞文為了本書，非常用心地進行了採訪工作，部分內容甚至是我所不知道的事情，這些客觀事實的挖掘和分析，增加了本書的可看性，這應該歸功於她的努力和貢獻。

我深深以為，要做為一個好的國家領導人，不僅要堅守民主的價值，團結國家，化解分歧，帶領台灣向前進步，更重要的是，要有深耕、保護這塊土地、為台灣下一代打拼的一顆真誠之心。

「我們打拼的台灣，將是孩子的未來」，謹以此和所有為台灣打拼的人共勉之。

（本文作者為民主進步黨主席）

推薦序

期待翻轉台灣的領導人

何振盛

二〇一六年的台灣總統大選，幾個候選人已正式就位，從各種分析看來，結果似乎已無懸念，如果沒有意外，民進黨的候選人蔡英文極可能是台灣的下一位總統，因此台灣人現在更應該關心的已不是誰會當選，而是當選後，這位新總統會怎麼做？會把台灣帶向何處？

其實下一任的台灣總統必定如坐針氈，因為台灣現在財政困難，民生凋敝，經濟蕭條，滿目瘡痍。長期被掩蓋的問題，到二〇二〇年以後，都將逐步顯現，一一引爆，所以二〇一六到二〇二〇年這一任的總統，是台灣最關鍵性的一任總統，如果他能夠面對現實採取正確的搶救措施，才能夠逆轉台灣於不倒，我們正期望一個有為的、能翻轉台灣的未來領導人。

如果想成為一個翻轉台灣的領導人，讓台灣振衰起敝，免於崩壞，這樣的領導人一定要做到「三忘記一面對」，「三忘記」指是㈠忘記選票，㈡忘記統獨，㈢忘記歷史的愛恨糾葛，「一面對」則指的是所有的施政要真誠地、務實地面對台灣所有的現實問題，從問題的根源，採取徹底的解決方案，不再敷衍，不再掩飾，不再頭痛醫頭、腳痛醫腳。

從一九九〇年開始，到現在的二十餘年，台灣都在處理心中的認同問題，爭的是「台灣」還是「中華民國」，吵的是「一中」還是「一中一台」，糾纏不清的是「本土政權」還是「外來政權」，大家在意的是藍執政，還是綠當家。

在這樣的氛圍之下，幾乎沒有人在做實事，執政者爭相給福利，取悅人民，以爭取選票，花掉了數十年來的歲計賸餘，近二十兆的政府隱藏負債，使台灣瀕臨破產。

所以想翻轉台灣的領導人，第一個要做到的就是忘記選票，在施政中絕對不要再花錢製造短期福利，以爭取選票之心。甚至還要針對過去已實施的不當福利措施，勇於修正、扭轉，才有機會使台灣免於崩壞。

第二個要做的是忘記統獨的糾纏，現實的台灣雖然有人心中偏獨，有人偏統，但那都是未來終極的想像，可是就現實而言，絕大多數人都認同維持現況，可是過去二十餘年，極左極右爭吵不休，以致執政者無心政務。現在該是放下統獨爭議的時候了，一切要以面對台灣的現實為首要。

第三要忘記歷史上的愛恨糾葛，數十年的國民黨統治，充斥著不公不義的愛恨糾葛，台灣也清算國民黨數十年了，瀕臨解體的國民黨就是他該有的報應，再去糾纏這些愛恨情仇，完全無益於台灣未來的發展。

有了這三個忘記，未來台灣的領導人才能真正務實的面對現實的問題，也才有機會在二〇一六年到二〇二〇年的「黃金搶救」期間內，有效地翻轉台灣。

細數台灣現在的問題，財政崩壞居首：軍公教的退休金，勞健保的崩壞，台電核四廠的四千億虧損，地方政府的財政透支，都必須面對。

其次，經濟的衰退，失業的高升，薪資的低落，這也需要領導人從策略面提出結構性的解決方案。

再其次，人口斷層，老人化，教改的混亂，居住正義的扭轉，長期的國土規畫……，台灣面對的問題不勝枚舉。

而這些現實問題的解決，都和選票無關，也都和統獨無關，更和清算歷史的愛恨情仇無關，下一任的台灣領導人，請回歸現實吧！

（本文作者為城邦出版集團首席執行長）

前言

一位努力學習與逐漸成熟的政治領袖

她，蔡英文，很可能是位一直喜歡靠著牆邊走的學者。

五十九歲的她，單身、女性、沒有子女，家裡也沒有任何人從政，而她踏入政壇的這十五年間，正好就是台灣政治風起雲湧、兩岸關係詭譎多變的年代。

女性從政本來就有所謂的「玻璃天花板」效應，身處爾虞我詐、以男性為主的政治叢林，沒有派系、團隊或是親人奧援的她，如何才能夠突圍？

但現在，她不僅成為民進黨主席，帶領民進黨走出困局，今天她還在選總統，甚至是第二次選總統，而且，按照目前的民調來看，她很可能當選，成為台灣第一位女總統。華人社會到現在還沒出現過女性領導人，如果蔡英文當選，絕對是一件華人民主社會的大事。

僅僅十五年前，她還是個專精國際貿易談判的教授，從小到大，她從來沒有想過要做總統這件事。

「台灣加入WTO」、「陸委會主委」以及「民進黨主席」這幾份突如其來的人生劇本改變了她。然而這些劇本不是蔡英文自己爭取來的，而是劇本找上了她。

一九八五年，她從一個在大學教書的教授，因緣際會成為台灣國際貿易談判的重要成員，甚至在台灣對外貿易談判的高峰期，擔任台灣加入WTO入會總顧問，連她自己都沒料到，其後會因為參與這項入會案，讓她的人生因此與眾不同。

這宗台灣有史以來歷時最久、牽涉、影響層面最廣的入會案，是台灣、也是蔡英文蛻變的重要里程碑。蔡英文的一生，可以說，就是因為「參與WTO談判」而改變。

當時台灣正處於十字路口。經濟方面，來自國際的市場開放壓力一波波來襲，政治也面臨著外交戰場的不斷挫敗，蔡英文就在第一線，見證這一段歷史性的轉變，她一邊看著台灣加入WTO，一步步走進全球化時代，一邊守護著台灣的優勢與利益，因應全球化帶來的挑戰。

也是入會談判這一役，開啟她人生嶄新的從政篇章。

二〇〇〇年五月，台灣出現有史以來第一次的政黨輪替，沒有執政經驗的民進黨贏得大選成為執政黨，前總統陳水扁任命蔡英文為陸委會主委，她一夕之間從學者變成了國家的政務官。

在蔡英文擔任陸委會主委期間，是幾十年來兩岸關係面臨重大調整的時期，所有人的目光都關注著第一次執政的民進黨會如何穩定兩岸情勢、推動兩岸關係的發展，在這個重要的轉折點，蔡英文就站在歷史的第一線。

不是民進黨籍的蔡英文，對內要面對朝小野大的爭議，對外要站在第一線面對中國，處理兩岸關係，主導台灣兩岸政策的走向跟速度，這對於蔡英文來說，都是全新而且嚴峻的挑戰。當時輿論以「誤入叢林的小白兔」形容蔡英文，幾乎沒人看好她可以擔當此一重任。

結果在她擔任陸委會主委任內，不僅以半年的時間就規畫完成兩岸之間的小三通，接著透過「經發會」凝聚社會共識，將當時的「戒急用忍」調整為「積極開放、有效管理」，並完成「兩岸人民關係條例」大幅度修法，奠定兩岸關係長遠發展的法制基礎，使她成為當時施政滿意度最高的政務官。

二〇〇八年五月，民進黨深陷貪腐泥淖，總統選舉大敗，幾乎面臨崩盤危機，在成熟的民主社會中，沒有強而有力的反對黨，民主政治極可能會倒退。在這個關鍵時刻，蔡英文決定「撩落去」，扛起民進黨走出谷底的重責大任，擔任民進黨的黨主席。

當時輿論以及蔡英文的朋友幾乎沒有人看好，認為一向有「古墓派小龍女」之稱的她，應該很快被民進黨林立且強悍的派系山頭給吞噬，甚至有名嘴斷言「民進黨二十年內都爬不起來」。想不到，才不過七年的時間，蔡英文帶領的民進黨已經走出谷底，甚至很有可能重新執政。

這幾年她從過去的專業技術官僚，走入民間，走遍台灣每一個角落，視野也從國際談判、兩岸，望向自己生長的這片土地。透過進一步的接觸，她對於生長在這一片土地上的民眾，有了更深刻的感情，對於台灣的未來，她有了全新的想像。

三十年國際、兩岸談判的歷練，內斂的學者如今成為在台上自信、侃侃而談的總統候選人，而且極可能成為台灣第一位女總統。

但是直到現在，她坐在民進黨黨部的辦公室裡，從大片玻璃望向遠方的陽明山，過往一幕幕的場景在她的眼前浮現：

年輕執意要出國讀書時，母親不捨的眼淚；WTO談判時大國傲慢的態度；辜汪會晤北京釣魚台國賓館突然準時的鬧鐘；擔任陸委會主委咄咄逼人的說話態度，引來父親「給人留餘地」的教誨；二〇〇八年後深入鄉間，走入群眾握過的每一雙手，以及敗選時支持者的淚水。

尤其二〇一二年選完以後，蔡英文真正變了一個人，「我從頭到尾都很斬釘截鐵地告訴大家，我在準備，我很清楚知道我要擔起什麼責任。」此刻，蔡英文篤定地說。

台灣有史以來最重要的一段談判歲月，蔡英文貫穿其中十五年，在這段談判期間擔任很重要的角色；二〇〇〇年民進黨第一次執政，歷史準備測試一個從未執政過的政黨如何應對兩岸政策時，蔡英文因緣際會，成了陸委會主委；到了二〇〇八年，一個衰敗政黨又讓蔡英文重新去改造，改變了民進黨。

她的人生際遇，其實很少人會有，國際經貿及兩岸談判歷練，在當今台灣政治圈找不到第二人。

面對美國「亞太再平衡」新戰略，以及中國新領導人習近平更強勢的兩岸政策，美、中、台三邊關係勢必出現全新局面。台灣能否加入TPP（The Trans-Pacic Partnership，跨太平洋夥伴協定）及RCEP（Regional Comprehensive Economic Partnership，區域全面經濟合作夥伴協定）；如何在列強之間尋求平衡、找到自己的生存空間，都考驗著下一任總統的智慧。

前總統李登輝說，放眼國內的政治人物，蔡英文有兩岸及國際談判的歷練，是最有能力處理這些問題的人。

蔡英文也很有可能只是個喜歡靠著牆邊走的學者，如果她沒有經歷過這些與眾不同的人生劇本。

已故蘋果執行長賈伯斯（Steve Jobs），曾在二〇〇五年對美國史丹佛大學畢業生的演講中，分享自己的人生經驗與體悟。賈伯斯提到，在人的一生中，總無法預先把發生在自己身上的點點滴滴串在一起；唯有未來回顧時，才會明白那些點點滴滴連起來的意義。

回頭看，每一章意料之外的人生劇本，如今都成了蔡英文政治生涯最珍貴的養分，國際談判場合的折衝、兩岸之間的交手，累積她的專業能量，二〇〇八年之後，握過的每一雙手，這些累積的溫度，如今都化為政治能量，這些歷練、能量同時也像遠方的燈塔，指引她一條明路。

如果說政治必須累積大量「嘗試與犯錯」的經驗，那身為談判專家的蔡英文，早把「嘗試與犯錯」內化成一種信念，她說：「什麼事情都不能不考慮代價，而且這個代價是不是能夠負擔得起。」尤其是牽涉到全體民眾利益的事。

蔡英文並不是一個經常發表言論的人，但是她的決定必然經過了深思熟慮的考量。她親身參與大國林立的國際談判場合，很清楚地看到像台灣這種「政治小國、經濟大國」所必須面對的國際現實，她深刻理解到只有跟美國、中國、日本等大國之間的關係取得平衡，從平衡中找到生存空間，台灣才能自保。

近年她感受到台灣經濟不好，民眾對自己及民主發展失去信心，甚至想走回頭路，但是她要告訴大家，只有大家透過民主機制，放下歧見、凝聚共識，大家攜手一起往前走，看向未來，才是出路。

蔡英文並不是一個鋒芒畢露的人，從小的經歷和教育讓她很早就養成多聽少說的性格，人們一開始往往會被她的沉默欺騙，以為她是個好欺負、容易被架空的人。

所以當她出乎意料坐上陸委會主委的位置時，甚至之後因緣際會擔任民進黨主席，外界總是投以質疑的眼光，蔡英文一路都在被低估中走過來。

實際上，她的強韌令人難以想像，她的手腕也令人驚豔，蔡英文擁有驚人的恆心，她的對手或是懷疑她的人，往往不是迫於她的權威而服從，而是被她的耐心、毅力跟使命感打敗，所以她總在別人的低估下勝出。

一個人的性格在青少年時初具雛形，但要真正形成卻是在壯年時期，壯年時期因為工作需要某方面的特質比較多，經常運用的特質自然成為這個人身上最明顯的特質。

因此想了解這位可能成為台灣第一位女總統，未來極可能帶領台灣繼續向前行的女性領導者究竟是什麼樣的人，就必須從她人生中最重要的三個階段：「加入WTO」、「參贊兩岸事務」（包括：參與辜汪會晤、國安會諮詢委員、陸委會主委）以及「民進黨主席」來找尋答案，這樣對蔡英文會有全新的認識及了解。

為了力求事實，本書一方面採訪包括前總統李登輝在內許多位曾經與她共事的人，敘述他們與蔡英文共事的經驗；另一方面也盡量完整地描述她是如何從一位學者蛻變為政治人物；如何從一位未曾接觸過政治實務的教授，轉變為一位受到許多人信任的政治領袖。

所以書中很多篇幅在記錄她從政的學習成長過程，透過「她不是一位天生的偉大政治家」，而是「一直努力學習與逐漸成熟的政治領袖」，只為了說明「依據她從政的經驗，證明她是一個極講求務實，願意也勇於承擔的政治人物」。具體而言，她的執行能力已經做給大家看，而不是用說的。

本書從計畫到完成，過程波折不斷，最後能夠順利出版，首先要感謝多位從旁協助的朋友，尤其感謝李前總統以及多位曾經親身參與經貿及兩岸談判的卸任政府官員協助並接受採訪，其中難度最高的兩岸以及政策篇章，則要特別感謝陸委會前副主委傅棟成及陸委會前主秘詹志宏鼎力相助，始能如期完成。

當然蔡英文提出的經濟、財政、教育、兩岸等政策也相當重要，因為如果二〇一六年一月蔡英文當選下一任總統，這些都將成為新任總統未來四年的施政藍圖及治國方針。新政策關係到台灣的大未來，這是本書最關鍵的重點，也是目前全台灣二千三百萬人、甚至全世界華人圈最關心的一件事。

目錄

Part 4 政治天才或民主領導人

Part 5 蔡英文的經濟寧靜革命 179

1986 年，蔡英文（前排 3）代表國家從事重要經貿談判。（攝於美國貿易談判代表署）
（照片來源：蔡英文競選辦公室提供）

Part 1 經貿談判

01 意外之旅

二〇一五年七月的豔陽天，彰化鹿港大街依舊熙來攘往，一轉進彎曲的老街，小巷弄裡經過再造的老屋，顯得溫馨可愛，蔡英文正與一群年輕人在老屋裡，彼此分享生命中的旅行故事。

這是一群回到故鄉，從事老屋活化再生的鹿港在地年輕人。商業化的興起，人往都市去，年輕人不回來，家鄉剩下老人跟小孩，老屋也荒蕪了，一群年輕人決定賦予老屋新生命，他們回到鹿港、走進老屋，體驗文化，這裡已經成為返鄉年輕人最喜歡的聚會場所。

天氣熱得像蒸籠一樣，悶得大家直冒汗，蔡英文看著這麼多熱情的年輕人，願意回到故鄉，重新認識體驗自己的文化，她想起過去因為從事國際貿易談判的關係，在地球的不同角落看到的老城市，老建築。

她有感而發地說：「舊城裡累積很多人與人之間的故事，這是歷史，我們到每一個地方都可以去體驗一下，歷史軌跡留下什麼給我們，這些歷史都是我們共同的資產，也是創造未來資產的基礎……」，說著說著，她突然說：「我不能再講下去，再講就變成蔡教授了。」

時間回到一九八六年，這一年蔡英文受到一位好友的請託。如果蔡英文沒有接受這個請託，那她現在應該是個傑出教授、國際法權威。

我們試著把時間再往前移到一九八四年。

那一年蔡英文拿到英國倫敦政經學院（LSE）博士學位，除了法學，她還副修國際貿易。當年美、英兩國在雷根（Ronald Reagan）及柴契爾夫人（Margaret Thatcher）主政下，全球吹起貿易自由化旋風，受過法律及國際經濟訓練的蔡英文，從學校一畢業，就有英國教職以及剛成立的新加坡大學等著她前去任教，最後她放棄新加坡大學高薪教職，決定回台灣，開啟她的教職生涯。

這一年，蘋果電腦公司發表世界上第一台具有完整圖形操作介面（GUI）、且產品化的麥金塔（Macintosh）電腦、世界上第一台光纖影像電話在法國開始試用，美國總統雷根連任成功，中英兩國政府共同在北京簽署關係到香港未來的《中英聯合聲明》……。

個人電腦開始廣泛被運用，新科技的發展、全球政經局勢的變化，推動著世界快速前進，台灣的經濟正快速起飛。這一年，剛擺脫兩次石油危機的台灣，經濟成長率高逾一〇％。拜鞋子、紡織品等傳統產業出口大幅成長所賜，一九八〇年代以來，台灣的貿易額愈來愈大，每年的貿易額都呈現兩位數成長，經濟成長率也屢屢維持兩位數成長。但是，高經濟成長率的背後卻有隱憂。

人生因一次代班而不同

由於美國當時給予台灣免關稅優惠，八〇年代末期，台灣每年約一千億元的貿易額當中，有一半是出口到美國，每年對美貿易順差高達一百億元。以一九八四年的統計數字來看，當年出口占ＧＤＰ比率竟然高達五六・二％，而在這麼大量的出口中，幾乎有一半（四八・八％）是出口到美國！

隨著對美國貿易順差愈來愈大（美國對台灣是逆差），當時台灣面臨到美國要求開放市場，「我們也知道要分散市場，但要分散市場才發現關稅壁壘的嚴重。」前經濟部長何美玥（時任工業局科長）說。

為什麼一想要分散市場就發現困難重重？因為台灣當時並沒有加入ＧＡＴＴ（General Agreement on Tariffs and Trade，關稅暨貿易總協定，ＷＴＯ前身）。而只有ＧＡＴＴ會員國，才能夠適用ＧＡＴＴ會員國的稅率。

換句話說，台灣不是ＧＡＴＴ會員國，想要把東西賣到美國以外的國家，第一道面臨的關卡——「關稅」就會比ＧＡＴＴ的會員國高很多，既要趕緊平衡對美貿易順差，又要想辦法分散市場，橫在眼前的是，即將面臨的美國貿易制裁、對美貿易談判以及盡速加入ＧＡＴＴ的多重壓力。

這時在學校教書的蔡英文，很關心台灣面對經貿自由化所面臨的種種問題，平常除了專心授課，也開始在主要報紙二版《學者專家專欄》發表言論，表達對於台美貿易談判、經貿自由化的看法。

她有可能就這樣，當個父親眼中的乖乖女，成為傑出的國際法教授，安安穩穩地過日子。

但是就像電影《阿甘正傳》中這句充滿哲理的話：「生命就像一盒巧克力，你永遠不知道會吃到哪一個。（Life was like a box of chocolates. You never know what you're gonna get.）」，命運之神，悄悄改了劇本，轉個彎，就把你帶到完全不同的一條路上。

一九八六年，有天蔡英文正在學校教課，好友突然拜託蔡英文代班經濟部國貿局顧問的工作，這個代班讓蔡英文與台灣的國際經貿談判產生連結。這時候台灣對美貿易順差金額愈來愈大，一波波的壓力下來，台灣陸陸續續開始準備就工具機、火雞肉、智慧財產權等展開談判。

現在回想起來，為什麼會走上經貿談判這條路，蔡英文還是覺得很奇妙：「朋友叫我去代班一下，結果代班以後變成就是我，一跨入就是十五年。」生性好奇的她，受朋友託付，勇於接受挑戰，一個轉念，她從課堂上學術專業的教授，跨入另一個完全不同的經貿談判領域，她的視野從此不同，前面漫長的國際經貿談判之路正等著她。

02 充滿荊棘的入會過程

蔡英文永遠記得二〇〇〇年四月美國華府的那場大雪。

二〇〇〇年總統大選，台灣出現首次政黨輪替，為了讓美國、歐盟了解台灣入會決心，以及避免中國的政治干擾，蔡英文在了解新政府「支持台灣加入ＷＴＯ」（World Trade Organization，世界貿易組織）的態度並沒有改變後，一行人隨即趕往華府、日內瓦及歐盟拜訪，以確保台灣入會案能順利進行。

那時候他們拜訪完華府，正準備搭機趕往日內瓦，沒想到華府竟下起罕見的四月雪，飛往歐洲的航班全部停飛。「我們在大風雪中來回穿梭在華盛頓D.C.的兩個機場之間，哪裡有飛機可以起飛我們就趕過去，就怕耽誤時間，讓入會案再生變數。」同行的前經濟部長林義夫（時任經濟部次長）說。

這時候台灣申請入會已經進入第十一個年頭，加入ＷＴＯ僅剩臨門一腳，中國阻撓的動作仍持續不斷。

時間回到一九八〇年代末期，剛接下國貿局顧問的蔡英文，一接下顧問的工作，馬上面臨影響台灣經貿發展最深遠、最關鍵的談判，這場談判就像長跑馬拉松，一談就超過十年，「這是一段漫長而艱辛的過程，是一場耐力賽。」蔡英文說。

一九九〇年一月一日，台灣向WTO的前身GATT秘書處申請入關。

因為GATT、世界銀行、國際貨幣基金（International Monetary Fund，IMF）是國際三大的重要經貿組織，換句話說，如果可以拿到GATT的入場券，等於我國獨立國際法人的地位將被世界各國承認。

如果更進一步成為正式締約國，我國政府等於拿到身分證，不僅可以直接和GATT締約國接觸，直接談判，還可以解決兩國之間的經貿問題。這些對於無法成為聯合國一員的台灣來說，GATT的重要性就相當於貿易聯合國。

一九九〇年代，國內對於政治、兩岸等議題或許存有不同看法，但是對於加入世貿組織，幾乎可說是全國都具有高度共識。

只不過，一九九〇年年初，當國貿局駐蘇黎世代表陳瑞隆，以燒壞好幾台影印機的飛快速度，趕在歐洲新年假期前，把台灣的「入關申請書」以及「貿易體制備忘錄」送進位於日內瓦的GATT秘書處，但台灣的入關案卻從此石沉大海。

理想的狀態當然是「經濟歸經濟、政治歸政治」，但你不得不承認，在國際現實世界裡，「政治」與「經濟」就像光與影般密不可分，兩岸入會所牽涉的政治角力，讓台灣的入會案一路走來始終風波不斷。

爭取一杯咖啡的時間差

「我們的申請函送進去之後，ＧＡＴＴ秘書處理都不理，整個文件一直擺在秘書處的抽屜裡面。」林義夫回憶。當時中國也正為入關做準備，中國明的抗議、暗的阻撓，讓台灣加入ＧＡＴＴ的申請函，整整在秘書處的抽屜裡「躺」了一〇〇二天。

申請卡關，政府高層當然得趕緊想辦法，其間位於「前方」瑞士蘇黎世的貿易代表陳瑞隆，不斷展開遊說部署作業，「後方」的行政院也先後派出蕭萬長、江丙坤、許柯生等財經要員專程前往美國華府及歐盟訪問遊說，尋求支持，過程始終挫折不斷，但大家一直沒有放棄任何機會，轉機終於在一九九一年七月浮現。

一九九一年七月十九日，美國前總統布希（George H. W. Bush）在一封答覆參議員馬克斯．包格斯（Max Baucus，現任美國駐中國大使）的信函中，明確表示將支持台灣加入ＧＡＴＴ，台灣入關案曙光乍現，自此峰迴路轉，先前入關申請停滯不前的僵局終於有了進展。

美國表態支持後，歐盟也在同年十一月的政治合作委員會中，決議支持台灣入關。有了美、歐等友好國家表態支持與協助後，台灣入會資格與名稱等難題得以化解。一九九二年九月二十九日，ＧＡＴＴ理事會主席總算在理事會議中決議，台灣與中國各自成立工作小組進行入關審查。

美中不足的是，台灣拿到了加入世貿組織的入門票，但這張門票有個但書，那就是：必須要遵守「先中國後台灣」的入會程序。「中國就是要比我們先，哪怕是一天、一分鐘或是喝一杯咖啡的時間都好。」林義夫說。

一九九五年（GATT進行更新，與成員國新定條約，設立了世界貿易組織WTO），台灣對美、對歐盟重要的談判大致底定，可是中國進度落後，導致台灣的入會案也跟著陷入了看不到盡頭的等待期。

這期間，WTO審查小組利用台灣跟中國之間的矛盾，互相牽制台灣與中國的入會進度，其他會員國則是把台灣、中國兩邊當籌碼在討價還價，這導致本來已與台灣談妥的國家又紛紛回頭來要求重新談判，讓整個入會時間一延再延。

二〇〇〇年政黨輪替，政治變天，當時擔任WTO談判總顧問的蔡英文問過總統新當選人陳水扁「加入WTO的態度不會改吧？」陳水扁很肯定地說「不會改」，蔡英文趕緊與時任經濟部次長的林義夫、陸委會經濟處長傅棟成跑了一趟華府、日內瓦及歐盟，化解整個入會案在最後一刻遭翻盤的危機。

政黨輪替不久，日內瓦終於傳來好消息。

二〇〇一年九月十八日，日內瓦WTO總部會議室裡，英國籍主席莫蘭（Martin R. Morland）重重地敲下議事槌，正式採認了台灣加入WTO的所有法律文件，確定二〇〇二年一月一日，台灣將正式成為WTO會員。

消息傳回到台灣，曾參與談判的部會及談判代表都欣喜若狂，尤其是擔任談判總顧問的幕後功臣蔡英文。這時候的蔡英文，已經是陸委會主委，回想一路走來，跟大家一起打過這美好的一仗，她的內心仍然難掩激動。

03 談判桌上的對峙

「翻譯、翻譯……」

輕輕的一句「翻譯、翻譯」從一位留著清湯掛麵髮型的年輕女性口中說出，頓時讓原本陷入緊繃的雙方談判代表情緒跟著降溫，進而化解僵局，在談判桌上喊出「翻譯」的就是蔡英文。

一九九〇年代初期，台灣對美出超金額龐大，來自美方的壓力源源不絕，美方要求台灣若要入會，就要先解決台美貿易順差過大的問題，台美貿易談判隨即如火如荼地展開，但也因為對美談判項目最多，牽涉的貿易利益也最大，是所有談判最困難的部分。

當時美國的貿易談判，是由美國貿易代表署（USTR）主導，而USTR一向被視為聯邦政府的精銳機構，個個都是談判的高手，除了檯面上的談判代表皆為一時之選外，這個機構更是有計畫地培養談判精銳部隊。

反觀當時積極想要加入國際經貿組織的台灣，這方面的人才卻嚴重不足，「當時台灣懂GATT等國際貿易法令的專家，五根手指頭數得出來，蔡教授在政大教這門課，我在東吳教。」台灣第一任駐WTO大使顏慶章（曾任財政部長）說。

外語強，為何一直叫「翻譯、翻譯」

懂GATT、WTO國際貿易的專業人士已經很少，還要具備法律專業、能夠用流利英文對外溝通的人才，在國內更是鳳毛麟角，蔡英文剛好具備這三種條件，所以當她一進入國貿談判體系，很快就擔起台灣對外經貿談判中的重要角色。

剛剛擔任國貿顧問的蔡英文，三十歲不到，外表看起來就像個小妹妹，加入團隊不久隨即參與了台美工具機、智慧財產權、雙邊投資協定、關稅、匯率的談判。「那個年代的談判以工具機、投資協定，智慧財產權最多，匯率部分我也跟著央行總裁彭淮南（時任央行外匯局局長）一起進到美國財政部去談。」蔡英文回憶。

談判卡關，蔡英文高喊翻譯的情景，那時候一起參與談判的夥伴們，至今回想都仍印象深刻。

「每次僵局一出現，坐在主談人身邊的蔡英文就會叫翻譯，她總是要對方慢慢翻，翻成中文，我方主談人就用中文回，再請翻譯翻成英文給對方。」曾參與多次重要談判的何美玥描述著談判桌上的親身經歷。

但是「談判桌上，大家都用英文交談，蔡英文的英文表達能力又是我方代表當中最好，她為什麼還要找翻譯？」當下何美玥心中一度疑問，直到後來僵局化解，談判得以順利進行，何美玥終於了解蔡英文的用心。

通常談判一開始，擔任顧問的蔡英文會坐在主談人旁邊，在談判進行中，她除了觀察對方談判人員的動作、表情等肢體語言，也會視情況傳遞紙條或是提出暫停、再協商的資訊。

當雙方談得很僵，蔡英文會想辦法緩和僵局，比如提出新的觀點或是法律上怎麼樣處理比較合理，提出翻譯要求也是其中一種方法，目的就是讓場面輕鬆，大家情緒降溫一下。

「尤其是利用翻譯的空檔，拖一下時間，讓我們可以爭取時間多想一想，多商量一下，真的很有用。」何美玥說。這時候的蔡英文扮演的是，打破僵局，讓談判雙方僵局緩和的緩衝角色。

談判桌上蔡英文精準抓住時機，爭取我方談判優勢的巧妙做法，何美玥到現在仍記憶猶新。「冷靜、邏輯好、臨危不亂」，則是同樣參與多次WTO重要入會談判的前經濟部長林義夫對蔡英文在談判桌上的觀察。

談判是一種心理戰，談判對手說話的語調、表情、肢體語言透露出來的訊息，可能比說出口的話還要多，這對於從小就個性好奇，喜歡觀察人、事的蔡英文來說，「眼觀四面、耳聽八方」一點也難不倒她，她甚至還可以很迅速地解讀、研判這些動作背後的含義。

只是幾次對美談判下來，美方漸漸發現到，蔡英文是我方談判控場的靈魂人物，當然也開始派人全程注意她。蔡英文知道對方一直盯著她的表情及一舉一動，因此養成一上談判桌，就是面無表情的習慣。

只是蔡英文現在已經不再是幕僚，而是檯面上的政治人物，這樣的習慣延續到今天，卻讓部分民眾以為蔡英文講話很嚴肅、很冷、面無表情，殊不知這是長年參與談判所養成的「職業病」，私下的她其實很愛笑，並不是天生撲克臉。

談判陷入僵局是常有的事，但是「僵局」有時候不是來自對方，而是來自內部的衝突。當談判桌上出現「內部意見不合」，甚至吵了起來，這時候蔡英文也要扮演內部「調和」的角色。

比如有一次，對美的智慧財產權談判，我方內政部代表跟法務部的代表，兩個人看法不同，在談判桌上有些爭執，「我記得當時一個人講完話，就拍拍我說『給我翻』；另外一個也講，『你給我翻』。」蔡英文回憶。

這時候蔡英文必須冷靜，因為她的首要任務就是「絕對不能讓美方知道，我方內部有意見不合的情況」，所以她必須「臨危不亂」、且「不動聲色」地把紛爭處理好。

接著，蔡英文通常會很有技巧地透過翻譯，把這兩個人不同的意見，融會貫通成立場差不多一致的意見，再傳達給對方，憑著冷靜、機智及邏輯清楚的腦袋，蔡英文一次次化解我方談判桌上種種的突發狀況。

冷靜機智，連美國國務院都注意

除了臨場的反應，通常在上談判桌前，蔡英文也會先主動蒐集資料，深入了解這一次主談人的背景、專業強項，過去曾經關心過哪些議題，談過哪些議題等。

當談判過程中遇到困難的時候，她會私底下先去找對方聊聊天，談天說地，先交個朋友。通常透過聊天，可以進一步摸索出「對方在想什麼？」「立場是什麼？」因為蔡英文知道，談判不是辯論，辯論是要擊倒對方，而談判是要與對方找出共同解決問題的方法。

因此隨著談判經驗的累積，蔡英文發現用「同理心」去了解對方的立場所在、壓力所在，通常有助於談判進行得更順利。

二〇〇一年九月，台灣正式取得WTO會員國身分，當時的陸委會副主委鄧振中（現為經濟部長）在接受《商業周刊》訪問時曾透露當年與蔡英文同桌上場談判時的一些觀察。

他說：「國際談判不是高聲討價還價，必須有專業素養、精闢的說理才能贏得你想要的東西。」他觀察到，蔡英文在談判之前做的準備工夫非常扎實，從之前的會議紀錄，蔡英文會找出對方談判代表的壓力來源，直接從對方的壓力著手，站在對方的角度去分析問題，這樣不只能夠化解僵局，使談判可以順利進行，雙方最後也比較有機會得到彼此想要的結果。

後面真正進入到ＷＴＯ談判的時候，蔡英文不僅擔任「緩衝」、「調和」的角色，甚至在「保護產業」與「開放市場」之間，也成了產業主談人的重要策略軍師，扮演著談判過程中最需要深思熟慮的主控者。

比如當年ＷＴＯ的汽車談判，當時台灣汽車處於關稅保護，僅開放美國汽車進口，但是卻禁止日本、韓國汽車進來，這嚴重違反ＷＴＯ第一條「符合國民待遇」，於是負責工業談判的何美玥設計一套戰術。

何美玥擔心這樣的戰術不符合國際常規，因此進一步與蔡英文討論這戰術有沒有抵觸ＷＴＯ的精神，合不合乎國際上的想法。

何美玥的戰術是，「讓歐美也加入進口管制名單，以時間換取空間，再慢慢開放國內汽車市場」。蔡英文聽完，認為何美玥的設計既沒有違反ＷＴＯ最惠國原則，又可以搭配ＷＴＯ第十三條，透過關稅配合方式逐步調降汽車進口關稅，「在談判桌上，就照這樣打。」」蔡英文說。

這一套戰術雖然名為管制，事實上卻不會讓歐美汽車受到真正的管制，也讓日本、韓國非常有面子。外國汽車業者得到了市場開放，但卻是慢慢開放，也因為逐年開放，所以國內汽車業者也不至於一下子受到太大衝擊，最後大家各取所需、皆大歡喜，汽車開放幾乎可說是加入ＷＴＯ最成功的一次談判。

巧妙運用翻譯技巧，精準的用字遣詞，談判桌上，面對美國談判對手咄咄逼人，仍然面不改色冷靜以對，蔡英文在談判過程所展現出來「冷靜、臨危不亂」的特質，讓她在台灣加入世貿組織過程中的角色愈來愈重要。

某次談判接近尾聲，一位美國國務院的官員突然跑到蔡英文面前，看似很認真地對她說：「妳是我看過最聰明的人。」美國政府官員在WTO爭端解決機構（Dispute Settlement Body，DSB）常設上訴機構（Appellate Body）成立時，私下曾經詢問蔡英文願不願意擔任七位成員（相當於WTO大法官地位）中之一位，可見她受到重視的程度。

04 文字上的唇槍舌劍

一般人都以為談判就是雙方在談判桌上「你來我往」、「唇槍舌劍」一番，但是真正了解國際談判的人都知道，談判桌上僅是談判過程中的一個環節，談判真正的重頭戲在雙方談完之後的文字攻防。換句話說，下了談判桌，雙方在文字上的唇槍舌劍、你來我往，才是真正的主戰場。

進入ＷＴＯ談判之後，經濟部成立ＷＴＯ工作小組及策略小組，由於涉及的產業愈來愈多，光蔡英文一個國貿局顧問已經忙不過來，在蔡英文的推薦下，經貿談判法律諮詢顧問團逐漸形成，這個法律諮詢顧問團包括羅昌發（現任大法官）、楊光華（現任政大教授）、張新平（現任政大教授）、黃立（現任政大教授）等，蔡英文擔任顧問團召集人。

帶領談判團隊回答數千個問題

這幾位法律專家各有所長，其中張新平是海商法的專家，主要負責服務業，楊光華因為曾在金融機構工作過、且擅長金融法令，所以負責金融業，羅昌發以及黃立負責補貼、平衡、政府採購以及國營事業這一塊，至於顧問團彙總各部會及各國所提出的問題、提出的回覆最後都會由蔡英文統整，再送到GATT秘書處，蔡英文除了擔任法律顧問團召集人還身兼談判總顧問。

當年也一同參與入會談判的徐純芳（現任國貿局顧問）對於顧問團的表現給予相當的肯定。徐純芳說，這個法律顧問團個個都是一時之選，最重要的是，他們真的對台灣入會提供了很大的幫助，是全台灣最精銳的入關法律顧問團。

當時GATT正式受理台灣入關，接著成立台灣入關工作小組，有兩件事情是主要重點，第一件事情就是，審查台灣提出去的「貿易體制備忘錄」，第二件事是開始進行入會的雙邊、多邊談判。

所謂的雙邊就是兩個國家之間的市場開放談判，多邊（多個國家）就是對方要提出審查我方的貿易體制備忘錄，WTO一百多個會員國，對我方送審的「貿易體制備忘錄」所提出的問題，我們必須一一回覆，回覆這些問題的工作，就全部落在蔡英文所帶領的法律顧問團隊身上。

「這個工作，必須要有很大的耐心，因為會涉及到各單位的立場，是一份很瑣碎的工作。」徐純芳回憶。會瑣碎是因為答案還必須整合國內各部會的意見，至於回答問題的方式，還必須要有攻防、有技巧，以避免回答一個問題之後反而衍生更多的問題。

「我記得第一次各國就針對我方的貿易體制備忘錄，提出了『四七五』個問題，結果我們回答以後，對方回來更多問題，因為對方會在你的回答裡面，再找問題，然後繼續再回來問。」徐純芳說。

最後顧問團隊掌握到一個重要技巧，那就是：「當你回答的時候，就是要結束這個議題，不會讓對方找到新的東西再回來問，要滿足對方資訊的需求跟立場的需求。」蔡英文說。

雖然整個回覆以「不去刺激對方有更多問題」為原則，但是台灣過去與其他國家長期習慣於雙邊貿易關係，碰到WTO的多邊貿易體制，一下子產生許多問題。蔡英文回憶，剛提出入會申請時，在會場裡各國代表一起詢問我國經貿體制狀況，現場就像多方面試審問一樣，令台灣隊如坐針氈。

由於一下子要與全世界一百四十多個國家在國際經貿往來上接軌，各國提出的問題可說是林林總總多得不得了，連同後來的書面提問，各國總共提出超過一千個問題，就在這樣前前後後去了回來，再回來、再去，在整個談判過程中，顧問團隊回答了數千個問題。

親自撰寫最關鍵的會議紀錄

就這樣，蔡英文與法律顧問團，必須將各部會的回答綜合整理，再用WTO的通用語言，答覆各個國家所提出的問題，這樣龐大的工作量，導致她很少到學校上課，她只好利用假日拚命幫學生補課。事過境遷，每次提起這件事，蔡英文還會說：「我真對不起我的學生。」

但辛苦是有代價的，蔡英文和其他入關顧問團教授邊做邊學，他們回覆問題的專業表現，讓國貿局省下一大筆聘請外國顧問公司的龐大費用，他們為台灣整理厚達數千頁的這一份貿易「檢查清單」（check list），還被GATT秘書處官員譽為具有執業水準，可以開專業顧問公司了；「甚至台灣的這一份入會貿易檢查清單格式，還成了之後要入會的國家，繼續沿用的標準文件體例。」當年一位深度參與談判的前政府官員對媒體解說。

顧問團隊除了要負責「幕後」的這一份字斟句酌的「貿易檢查清單」，「幕前」的每一場WTO重要的入會談判，擔任總顧問的蔡英文也都會在場親自參與。談判桌上，她不是主談人卻扮演類似「控盤」的角色，下了談判桌以後，她還有另一項很重要的任務，那就是撰寫一個雙方都同意的會議紀錄（contention），這份會議紀錄怎麼撰寫，甚至比談判桌上「說」了什麼還要重要。

這份談判之後的「會議紀錄」到底有多重要，或許從酒類談判可以窺知一二。當年民眾拿來煮燒酒雞用的米酒（非飲用），因為台灣加入世貿組織，一瓶從新台幣二十多元漲到一百多元，導致民眾怨聲載道、叫苦連天，對國內民生造成很大的衝擊，由此可以得知，那一次的酒類談判，台灣輸得有多慘。

那一次為什麼會輸得很慘？「就是因為那次的會議紀錄是對方（美方）寫的，這是一個重大疏失。」何美玥說。怎麼說這是重大疏失，何美玥解釋，因為會議紀錄都是法律用語，有時候差一個字，一般人看起來差不多，但實際在法律上卻是差很大，加上撰寫會議紀錄的一方將擁有主導權，最後寫出來的紀錄，就會對撰寫方有利。

「有了這樣的前車之鑑，在之後ＷＴＯ的會議紀錄，一定由蔡英文來寫。」何美玥說。在之後的ＷＴＯ重要談判裡，最後撰寫會議紀錄的那一關，談判雙方都會各自寫一份會議紀錄，雙方會拿著各自的會議紀錄一起對照一同來修改，最後改出一份雙方都可以共同接受的會議紀錄，避免自身國家的利益受到影響。

為什麼一個會議紀錄要這麼麻煩？何美玥解釋：「因為一般參與國際經貿談判的主談人，大多是產業專業並不是法律專業，因此談判完後寫出來，我們看一些用字，看起來好像都差不多，好像是這個意思，但是往往最後解釋就會變成另外一種意思，所以用字遣詞上要相當注意。」

如果在最後的用字上稍有不慎，前面的談判結果，最後可能會因為一字之差而功虧一簣，所以這部分是蔡英文在談判中，扮演的另一個重要角色，算是最後把關的工作。

回想起當年的ＷＴＯ談判，蔡英文對於當年帶隊的團長許柯生（時任經濟部次長）感到最不好意思，「許次長當時真的被我虐待得很慘。」蔡英文說。因為當時許柯生每次在GATT的演講稿，全部都是出自蔡英文之手，但是每一次快到開會時間了，演講稿卻還不知道在哪裡，讓大家急如熱鍋上的螞蟻。

這份稿子之所以難寫，主要是因為必須符合法律用語、內容要面面俱到，並且還有時間上的急迫性。

「除了開場白，這份演講稿的內容必須綜合各部會的意見，還要告訴大家這次談判我們要進行到什麼程度，我們希望能夠解決什麼問題，必須要面面俱到，所以我晚上通常都會弄到三更半夜，然後隔天一大早九點就要開會……。」蔡英文回憶。

許柯生大多是開會前一刻才拿到稿子，有時要開始唸稿子的時候，蔡英文還會順便再改一下稿子，但是許柯生很厲害，就是一拿到稿子開始唸也不會吃螺絲，還可以很順暢地一一把它唸出來。回想當年在日內瓦熬夜寫演講稿，仍歷歷在目，這一刻蔡英文最不能忘記的是許柯生。她說：「真的要給許次長一些肯定。」

05 在談判桌上吸收到的養分

就像武林高手行走江湖，不能只倚賴招式比劃、虛晃一招，真正的高手必須忍受孤獨，從最基本的蹲馬步，甚至是挑水、砍柴等練起，才能夠習得真功夫。

曾經有位國貿局官員告訴蔡英文，說她像一塊海綿，學習力超強，任何東西到她手上就全部被吸收了。參與國際經貿談判的十五年間，蔡英文不斷地自我磨練、吸收新知，就像是武林高手蹲馬步一樣，談判階段所練就的基本功，都成為她日後得以擔當更多重要職務的養分。

她這樣的人生機遇及經歷，可說空前絕後，找不到第二個。

一九八〇年代末期，台灣正準備進入一個多邊的貿易體系，和全球一百四十多個貿易國家一起談判，這是台灣有史以來第一次，規模大得驚人。蔡英文因緣際會，從頭到尾親身參與了這關鍵的一役，因為這樣的經歷，讓她在年輕的時候就對台灣經濟及國際處境有超出一般人的深刻了解，她的人生因談判而變得不一樣。

政府的組織龐雜，科層分工很細，許多官員可能因為職務變遷換人，各部會通常也只知道自己的業務範圍，但是在加入WTO的談判過程中，蔡英文卻是那一個可以清楚了解事情全貌的人，她扮演的是串起橫向溝通（政府VS.產業）以及縱向聯繫（政府體系）的靈魂角色。

在談判桌上，她坐在我方主談人的旁邊，看著政策形成，並視情況提出建議，或者喊停。如果看到有不對勁的地方，她會介入，並與事務官討論技術問題，也會和政務官，甚至更高層級的官員報告，並提出建議。

從小科員到總統都是溝通、協調對象

下了談判桌，她也會和科員查詢作業的進度，然後再一路往上向總統溝通、提出建議，可說貫穿了整個行政體系。依照政府機關的機制，不可能讓一個人扮演有如穿針引線的重要角色，但因為蔡英文是顧問，不是政府官員，所以這樣的角色可說是絕無僅有。

那時候小到政府體系裡的小螺絲釘（科員），大到三軍統帥的總統，都是蔡英文協調或建言的對象，所以之後她到陸委會擔任主委，各部會的公務員她都熟識，也很了解政府的運作模式，「那段時間的歷練，讓我很早就熟悉政府的運作模式，對於之後擔任政務官有很大的幫助。」蔡英文說。

除了部會間的溝通協調，若只有懂法條，不懂我方及對手的產業優劣勢，也不能算是成功的貿易談判員。

這道理就像一個處理醫療糾紛的律師，如果本身只懂醫療法令，對於基本的醫療程序都不了解，如何判斷醫療過程有沒有過失一樣。換句話說，只有對於產業夠了解，才有能力知道在談判桌上該怎麼取、怎麼放，取與放之間怎麼拿捏，怎麼爭取到對我方有利的條件。

為了對產業有更深入的了解，爭取我方有利的條件，蔡英文不停地充實自己，紡織、工具機、農產品、智財權、匯率、投資協定、金融、服務業等無一不涉獵。

在談判前，各部會請來各產業代表、產業專家召開立場會議，這時候蔡英文會坐在一旁邊聽邊做筆記，有問題她會隨時提問。從業者的說明當中，對比其他國家的產業，蔡英文很快可以掌握我方相關產業的優劣勢在哪裡。

二〇〇六年蔡英文擔任行政院副院長，接下「行政院財經小組」重擔，負責協調與擬定重要經濟政策及相關措施方案，雖然她是法律背景出身，但近二十年談判及財經事務閱歷，讓她有很大的權責及揮灑空間，在短短幾個月的時間裡，不僅親自統籌召開經續會（台灣經濟永續成長會議），還提出兩岸、產業、能源、稅制、金融、少子女化、高齡化等全新政策方案，讓外界驚訝她對財經事務的了解和深入。有了這一段全面主導政府決策的經驗，為她開拓出更寬廣及意外的人生，冥冥之中或許注定了她將從日內瓦談判桌走向中華民國總統府之路。

視野從談判桌升級到國際較量

多年的談判經驗下來，蔡英文體會到成功的談判不是在會議室裡面唇槍舌劍的過程，如果沒有準備好前置及後置作業，光是坐在會議室內談判，就算有結果也不會成功，因為即使談成了，也無法執行。

這裡所謂的前置及後置作業其實就是政府與產業，政府與民眾，政府各部會之間溝通、說明的過程，蔡英文很清楚，一個談判要成功，溝通愈徹底，成功的機率愈高。

她了解，談判一定是有得有失，所以在談判進行之前，政府必須要跟產業說清楚，告訴產業在這一次的談判過程中，我們讓了什麼、拿了什麼，對於讓的那些人、那些產業受影響的程度，國家將拿出什麼政策來補償他們，或者幫助他們，共同面對外在的衝擊。

談完以後，談判的結果也一定要跟社會及產業溝通，因為這個透明化的過程如果沒有做好，後果會很嚴重，這一點從服貿協議沒有徹底跟產業及民間好好溝通，最後爆發太陽花學運可以得到印證。

在與大國交手、角力的過程中，蔡英文認清了國際現實，也更了解台灣的處境。

有一次她參與一場談判，是美國有計畫要給予自己國內農業補貼。蔡英文就說：「美國給農業補貼，我們也要給我們國內的農業補貼啊！」但是對方說：「妳不行，妳這樣違反國際協議！」

蔡英文當場很不服氣地跑去告訴ＷＴＯ入會主席說：「為什麼美國人可以，我們不可以呢？」

這位很有經驗的主席告訴她：「My dear, this is a place where you do what I say. This is not a place you do what we do.（親愛的，這裡是一個我們說什麼，你們就做什麼的地方，而不是我們做什麼，你們也可以做什麼的地方。）」

換句話說，這是一個強權的時代。國際間就是一個強權，你有多少實力說多少話，而在國際貿易談判裡，從來就不僅僅是商業勢力的較量，而是國力的比拚。

透過參與談判的這一課，蔡英文很早就了解到像台灣這樣一個「貿易大國、政治小國」的處境，她知道台灣單獨想在國際上開疆闢土，面臨的困難會很多，單打獨鬥，能爭取的空間很小，談判難度非常的高。但如果能夠把其他國家拉進來，在一個多邊談判架構當中，一起打群架，分散壓力，就可以減少自己的損失。

她看到當年加入ＷＴＯ的入會過程雖然布滿荊棘，但因為李前總統有擔當地「撐住」各方壓力，大家一致向前，台灣最終能夠成功入會。所以接下來台灣想要加入ＴＰＰ（The Trans-Pacific Partnership，跨太平洋夥伴協定），蔡英文了解帶隊的領導人也必須「扛起來、撐住壓力」，大家才能衝破最困難的那一關。

除了參與實質的ＷＴＯ入會談判，另一個能夠提高台灣在國際上曝光度的重頭戲——APEC會議（Asia-Pacific Economic Cooperation，亞洲太平洋經濟合作組織），又給蔡英文帶來另一個拓展國際視野的機會。

不同於WTO是很具體的議題談判，APEC是各國對於主要議題共識凝聚的階段，在這個場合，蔡英文除了幫我國代表寫講稿，後來她自己也擔任經濟服務貿易組的主席，「我就坐在那裡聽每一個國家講話，不同國家之間，以零到一百為範圍，立場大概是二十到八十之間的差距，所以我就要在二十到八十之間，找出共同點，變成一個會議的結論。」蔡英文說。

甚至二〇〇七年蔡英文剛從行政院副院長卸任，陳前總統還一度想派蔡英文擔任總統特使，參加在澳洲舉行的APEC領袖會議，這個計畫雖然因為中國反對最後沒有成行，但蔡英文對於國際事務的熟稔程度已經不言而喻。

很年輕的時候就參加APEC會議的她，曾經一年內跑遍大半個地球，一下子在美國華府，一下在印尼雅加達，一下又在瑞士日內瓦，幾乎成了空中飛人，甚至曾在某次的APEC會議上，一晃眼她才發現自己已經在同一張椅子上開會開了兩個星期，這些都只為了了解大國之間在想什麼，有什麼議題、共識正在形成，因為這些可能都會對台灣的經濟、台灣的未來造成影響。

1998 年，蔡英文（左 1）代表國家參與深具歷史意義的辜汪會晤。（攝於北京）
（照片來源：詹志宏提供）

Part 2 兩岸交鋒

06 第一次踏上中國的土地

「熱映中的兩岸政治大戲——辜汪會晤，外表毫無政治味的政大教授蔡英文是劇中唯一女角，從上海到北京，蔡英文表現生動自然，很受好評。她屢次和中共人員就兩岸經貿簡要清晰地說理，並在記者會完整、流利地向外國媒體轉述參訪內容，甚至指導外國媒體拼字，輕鬆自然又富親和力的表現，外表毫無政治味的她，在這場政治大戲獲得頗高評價。」

這是一九九八年十月十八日《聯合晚報》五版的一個小角落。

當時電視台不斷播放「辜汪會晤」（海基會董事長辜振甫、海協會會長汪道涵）、「辜江高峰會」（辜振甫、江澤民），握手的那一刻，報紙大版面地報導著，辜振甫與當時中國國家主席江澤民握手時說：「今後兩岸關係的發展要有所突破，大陸方面總要務實面對中華民國存在的事實。」兩岸歷史性一刻的重要鏡頭下，類似這樣的小品，並不太會引人注意。

但是任誰也沒料到，十七年後物換星移，一九九八年辜汪會晤的「配角」如今一躍成為兩岸政治舞台上的「主角」，當年大陸海協會主管人員眼中「辜振甫的英文秘書」、看似內斂的蔡英文，之後不僅當上民進黨主席，還是二〇一六年呼聲最高的總統候選人，並很有可能成為台灣第一位女總統。

擔任辜老翻譯搶回話語權

時間回到十七年前初秋的北京。

一九九八年十月，金秋時節的北京，秋高氣爽，空氣中透著些許涼意，海基會董事長辜振甫代表團一行人（不包括辜的家屬）從台北出發，一路從香港、上海輾轉來到北京，時任總統李登輝特使的辜振甫，即將會見當時的中國國家主席江澤民，此行最重要的重頭戲「辜江高峰會」即將在北京釣魚台國賓館登場。

由於這次的辜汪會晤是兩岸闊別五年後的再次會晤，前總統李登輝相當重視與會的名單，而辜振甫率領的代表團，除了海基會、陸委會兩會幕僚成員外，最受矚目的團員，當然就是總統欽點的民進黨籍監委康寧祥、國民黨陸工會主任張榮恭、政大教授蔡英文、台大教授吳榮義與包宗和；蔡英文萬綠叢中一點紅，是十二位代表團團員當中，最年輕也是唯一的女性。

一九九〇年代，蔡英文因為參與ＷＴＯ入會談判，馬不停蹄地在許多國家進進出出，幾乎跑遍大半個地球，但是卻沒到過中國，這一次因為參與辜汪會晤代表團，她因緣際會第一次踏上中國這片土地。

不停在海外奔波，是蔡英文那一段時間的生涯寫照，但這一次到中國的心情卻很不一樣。每次到其他國家時，她總是背負著對外經貿談判的要務在身，心情上、精神上一刻也不得鬆懈，但這一次到中國，她不負責談判工作，而是帶著「觀察員」的心情到中國走走看看。

當時的蔡英文只是國安會兩岸幕僚小組的一員，還不是國安會諮詢委員，大部分時候都是處理加入WTO等國際談判事務。

由於中國也即將入會，入會案以及入會後，台灣、中國都將成為WTO會員國，最後勢必牽涉到兩岸經貿交流問題，國安會想借重蔡英文在國際談判的經驗，處理兩岸加入WTO之後可能會衍生的問題。

當時李前總統頗為賞識蔡英文，也認為從事經貿談判的蔡英文應該到中國看看，去親身體驗了解一下中國，所以具有辜汪會晤代表團名單決定權的李前總統，順勢把蔡英文放在代表團十二人名單裡，蔡英文最後是以政大教授的名義前往辜汪會晤，主要任務之一是擔任辜老的英文秘書。

為了定調此行目的，在臨行前幾天，李前總統特別把代表團重要參與人士聚集到官邸，親自拍板此次的辜汪會晤，台灣的主旋律是強調「對等」，在即將登場的主場大戲「辜江高峰會」上，我方將主打「民主牌」、「主權牌」。

但是，怎樣把台灣的民主經驗，透過這個全球矚目的場合，精準傳達給全世界知道，幕僚們傷透腦筋，政府部門（含海陸兩會）的幕僚們最後決定提出政策建議：「代表團在辜江高峰會後，在北京召開一場國際記者會，這時候擔任辜老英文秘書的蔡英文，就有發揮的空間。」

負責規畫的政府部門幕僚們很清楚，暌違五年兩會再度復談，這場大戲「對等」是第一要件，雙方在言語上、肢體上、一言一行是怎麼互動，勢必都是兩岸民眾，甚至是全世界矚目的焦點，而且所有媒體的目光一定會集中在辜汪會晤、辜江高峰會等相關的活動上面。

當時參與規畫的政府內部幕僚們盤算，到時候聚集的媒體一定很多，該怎麼呈現，會讓更多的外國媒體願意增加我方報導？「那就讓辜老用中文回答，接著讓蔡英文做現場同步英文翻譯，畢竟這是在場外籍記者最容易理解的語文。」

這一招果然奏效，辜江高峰會後的記者會，現場湧入四百多名記者，其中有將近一半是外國媒體，辜老發言之後，蔡英文在記者會上完整、流利地向外國媒體轉述辜老的話，以及此行參訪內容，甚至指導外國媒體拼字，經過蔡英文這番解說，外國媒體的接受度相當高，會後普遍獲得好評。

甚至代表團結束訪中的行程後，辜振甫不走香港原路，而是取道日本東京回國，且辜在東京又再次舉行了另一場國際記者會，「這些都是為了凸顯兩岸之間不是內部的問題。」同行的吳榮義說。

不管是選擇從第三地進出，第一時間在國際間發聲，爭取國際關注目光，這些都可以看出負責規畫此行的政府部門幕僚們精心的安排。

等到辜汪會晤結束後，幕僚群回到台北，蒐集國外的輿論報導，一比較之下發現國外輿論有相當大比例是引用我方的講法，「北京由於沒有安排一個中翻英譯者，那些外籍記者兩邊跑的結果，就是我們的東西被外媒採用比較多。」參與代表團幕僚作業，時任海基會副秘書長詹志宏說。從結果來看，此役算是成功地打了一場國際宣傳戰。

除了做好翻譯的工作，第一次到中國的蔡英文，透過自己的所見所聞，旁觀著這個正在成長中的國家，當時她對中國的第一印象就是「什麼東西都很大」。

由於當時兩岸剛接觸不久，雙方的互動都還處於相互摸索階段，就算有直航，那也是在很多年之後，所以那時候代表團是從台北出發到香港，再從香港轉機到達第一站上海。

海基、海協兩會雙方先在上海「和平飯店」八樓的會議大廳，舉行睽違五年的「辜汪上海會晤」。結束了「辜汪上海會晤」，代表團一行也到新落成的浦東證券交易所參觀。往浦東的路上，蔡英文看到很多大樓都已經蓋好了，但是沒有被完全使用，「上海那時候是有一點超前建設。」她說。

離開商業大城上海，往北來到政治中心北京，秋天的北京又給她一種完全不同的感受。

下了飛機，從機場往都會區的路上，她看到兩邊的路很寬大，路旁的樹也很高，看著從眼前掠過的街景，她感覺到「這是個有歷史的國家」，她也感受到「一種大的國家首都的氣象」，但是在蔡英文的印象裡，北京的路雖然很大卻一直塞車。

「當我們的車子從機場走到北京市區裡，就是不斷地塞車，不斷地塞車，好不容易，我們才到達目的地釣魚台國賓館。」蔡英文回憶。

才說鐘不準，竟「自動」準時了……

如果問起參與辜汪會晤代表團的成員，到了北京印象最深刻的一件事，可能是釣魚台國賓館的一只「鬧鐘」。

辜汪會晤這種高度政治性的兩岸交流，表面上，大家高來高去、客客氣氣，私底下卻是處處機鋒。

隨行的團員記得，他們一行人準備了七支大哥大，好方便彼此聯絡，結果他們一到上海下了飛機、打開手機，就發現七支大哥大全部被鎖死，根本沒辦法用，「只有許惠祐（時任海基會秘書長）準備的緊急備用衛星電話可以使用。」當年同行的劉德勳（時任陸委會法政處長）說。

再來，到了北京，一行人落腳在古色古香的釣魚台國賓館，釣魚台國賓館住宿的經驗也讓團員們印象深刻。

當時整個釣魚台國賓館十二號樓全部空出來供代表團使用，也留了廚師，讓一行人可以隨時點餐，中方希望能夠帶給代表團成員一種賓至如歸的感覺。

辜振甫是此行主角，當然他的房間一定是最精緻、典雅，加上又有寬敞的會議室設備，一切顯得相當完善美好。一行人放完行李，就集合到辜老房間，大家說是要參觀「團長的房間」，當在場的每個人看過房間，都驚嘆著說：「辜老的房間好氣派喔！」這時候辜老突然說：「可惜了，可惜了。」

所有人一肚子疑惑，不懂辜老為什麼突然說可惜，這時辜老就指著床頭上的鬧鐘說：「不知道是不是太舊了，床頭鬧鐘的時間不對。」辜老說著說著，大家也覺得肚子餓了，於是一行人就到樓下餐廳吃飯。

等到用完午餐，一夥人回到房間，突然聽到平常穩重的辜老叫了一聲，所有的人趕緊衝上前問辜老：「發生什麼事？」這時辜老默不出聲，就用手指著那個鬧鐘，大家一看，「鬧鐘自己準時了」。那時候，全部的人突然鴉雀無聲，因為大家都心知肚明發生了什麼事情。

事隔至今十七年，回想起當時住在釣魚台國賓館的情景，雕樑畫棟的建築，蔡英文已經不太有印象，她心中唯一的感受就是「每次你一出房間，就會有人幫你整理房間，讓人很不習慣」。釣魚台國賓館太周到的服務，讓當年負責辜老翻譯英文的蔡英文「很不習慣」。

07 那些沒被沙推到的狀況題

一九九八年的辜汪會晤，蔡英文最難忘的是辜老的談判風采。事隔這麼多年，一提起辜老，蔡英文謙虛地說「在辜汪會晤這一路上，我真的從辜老身上學到很多。」

高手過招，幕前的針鋒相對，招招精彩，幕後看不見的角力更是暗潮洶湧。主戲的部分，「辜汪會晤」、「辜江高峰會談」，你來我往，大家各自宣讀自己的劇本，各唱各的調。我方主角辜振甫，在什麼場合要講什麼話，都是原先就準備好的，有媒體發問，就由時任海基會秘書長的許惠祐發言，其他人不能隨便對外發言，所有人都是按照寫好的劇本演出。

「當主角辜振甫在講，我們就像戲裡的配角一樣，在旁邊眼觀四面、耳聽八方，如果有什麼臨時的事情，我們就隨時予以協助，」吳榮義說。「中國代表說他們的，我們就說我們的，大家各唱各的調，但是有一點很重要就是，我們的立場就是要『平等』、要『對等』。」

這是歷史性的一刻，當時吳榮義清楚感受到，我們的立場還是很清楚的，所以

「民主化」、「中華民國」等在江澤民、汪道涵面前都有提到，也都還敢當著汪、江等面前講。但是代表團也有最壞的打算，就是「萬一中國逼我們講什麼或是我們要講，對方卻不准我們講，那我們就退場。」吳榮義說。

但是不可能所有的事情都能夠ＳＯＰ，雖然幕僚們已經很盡力地想要讓整齣戲「照著劇本演」。

被邀賞畫，辜老從畫風到作品倒背如流

在出發前，政府各部門所組成的幕僚小組，在沙盤推演的時候，會一再確認，每一次辜老對外發言，目標是什麼？表達什麼？時間要多久？「我們每一個環節都會去推，我們的作戰計畫書有厚厚的一整本。」劉德勳說。

比如說從台灣啟程，幕僚規定所有的人一定要從辦公室出發。

從辦公室出發途中，遇到媒體要不要表達什麼立場？還是到機場再表達？這些都在沙推的範圍內。最後幕僚們決定讓辜老在機場正式說明我方的立場，不僅表達給國內聽，也要表達給對方知道，因此機場記者會的場地、動線規畫、辜老要講什麼，幕僚早就都已經先準備好。

到了中國，整個活動開始進行，白天主角在公開場合發表意見，幕僚們晚上開會檢討當天的狀況，並推估明天可能的變化，「所以每天結束都會開會，大家晚上

都還要戰戰兢兢一起沙盤推演，就怕出狀況。」劉德勳回憶。

只是劇本寫得再好，還是有例外的時候。

辜汪正式會晤後，代表團應邀參訪剛開館不久的「上海博物館」，一行人參訪完博物館，辜老接受媒體採訪，發表完參訪感想後，館方突然很熱情地說：「我們還有一個地下室的展場想請辜老去看一下。」

這是預期之外的行程，由於沒有媒體跟隨，一行人就下樓參觀了。

同行的劉德勳回想當時的場景，上海博物館地下室有一個大場子，擺了一個大石桌，辜老跟夫人站在前面，其他團員站在辜老身後，館長就站在辜老身旁，這時上海博物館館長馬承源拿出了上海博物館的「鎮館之寶」。

一九九八年，上海博物館新館開幕不久，馬承源館長開心的拿了兩樣「鎮館之寶」想要在台灣來的代表團面前好好地炫耀一番，讓大家見識一下「祖國博大精深的文化水準」，這個上海博物館的「鎮館之寶」其中之一就是元朝畫家王冕的畫（王冕的墨梅圖是上海博物館蒐藏珍品）。

當館長說出，「鎮館之寶」是「王冕的畫」時，同行的幕僚們心想：「完了，沒有沙推到，我們只知道王冕畫荷花的故事……。」沒想到當館長把畫打開，只說了一句「王冕的畫」，辜老就接話了。

辜老不疾不徐地說：「王冕的畫，畫風的特質是……。」一下子把王冕這個人、畫風、特色、有哪些重要作品一口氣全部講完，馬承源館長沒得表演，只好悻悻然說了一句「把畫捲起來」，馬承源館長的舉動，讓在場全部的人當場傻眼。

考題還不只這一道，收起了王冕的畫，館長馬上又拿出第二個鎮館之寶——犀牛角杯，馬承源開始介紹：「這世界上只有四個犀牛角杯，全世界只有四個，上海博物館蒐藏其中一個，相當的珍貴，」館長一邊說，一邊打開盒子，端出犀牛角杯。

這時候辜老說話了。辜老跟站在身邊的夫人講：「我們家那個櫃子裡的犀牛角杯也應該要保養一下了！」聽到這裡，代表團成員個個面面相覷、目瞪口呆，原來辜老的家裡也有一個舉世珍藏的犀牛角杯。

雙方的較勁無所不在。

辜老精研王冕的畫或是他家裡也有一個犀牛角杯，在兩岸高度政治、高度敏感的互動裡，並不是表示辜老家裡多有錢，這其中凸顯的一個觀念是，「對方的東西還放在博物館裡，我們則是融入到生活裡，進入到社會家庭中，那種文化層次就有差異了。」劉德勳分析。

被要求作詩，辜老兩三下落筆完成

之後前往北京，在北京大學的參訪行程，代表團又再度遇到狀況之外的考題。

北京大學有個嚴復銅像，由於嚴復就是辜老夫人的祖父，所以代表團一定要前往致意，辜家也因此買了數量龐大的一套書要送給北京大學。當時幕僚們事先寫好的劇本是：「一行人抵達北京大學會有媒體採訪，還要接受贈禮，接下來到嚴復銅像前面致意，媒體會問夫人，也會問辜老，接下來就是合影、繞校區等等。」

沒想到一行人走到嚴復銅像前面時，卻看見銅像前有一個大桌子，上面鋪了毛筆、硯台，這是劇本沒有的。幕僚們心想：「那是要簽名嗎？對方根本沒有提到，沙盤推演也沒有這一段啊？」這時有人開口問：「是要簽名嗎？」北京大學的人說：「不是，依例到嚴復銅像這邊是要寫詩的。」

幕僚們一聽心裡「七上八下」，大家想：「這下慘了，沒有沙推到，又是臨時考題，總不能說請給我們五分鐘，讓我們想一下。」沒想到辜老一聽就哈哈笑了幾聲，隨手拿了毛筆蘸了墨，僅花一、兩分鐘就開始落筆，洋洋灑灑如行雲流水般，兩、三下完成了一首詩，對照辜老的「一派自若」，旁邊的幕僚們都緊張得快說不出話來。

「一九九八年辜汪會晤的很多場合，都不是沙盤推演可能預料得到的，有很多臨場應變的場合，如果沒有辜老高度智慧來化解，很難進行得這麼順利。」幕僚們回憶。

兩岸之間的交往，檯面上、檯面下可說是處處交鋒，同行的蔡英文近身觀察辜老，不只在談笑間用兵，還會唱京劇，「他可以用中國人熟悉的方式，去表達跟他們不一樣的意見，這是談判最高招，已達藝術境界。」蔡英文說。辜汪會晤一路下來，看著辜老面對江澤民、汪道涵時不卑不亢的態度，及有為有守的應對進退，蔡英文心中深感學到了寶貴的一課。

至於怎麼樣才能夠達到談判的最高招「用對方熟悉的方式，去表達不同的意見？」這麼多年之後，蔡英文終於了解，那是「人生閱歷」的累積，「辜老在兩岸談判的高超手腕，就是人生經驗閱歷豐富的最極致表現。」蔡英文說。

哲人日已遠，辜老的談判風采，永存在蔡英文心中。

兩岸之間，一字之差，失之千里

從一九九三年四月的辜汪會談，到一九九八年十月的辜汪會晤，相距五年六個月，其間兩岸制度化的協商中斷了三年多，充分顯現兩岸互動上要建立起互信，是一樁最艱難的事。

新加坡辜汪會談之後，我方原本希望兩岸、兩會制度化的協商、交流能夠順遂地往下走，但是，兩岸關係之路崎嶇難行，就連原先以為可以順利進行的事務性協商，也一直顛簸不斷。

新加坡辜汪會談中，海基、海協兩會雙方同意，之後可以就三個議題開始協商，這三個議題分別是：劫機犯遣返、偷渡犯遣返以及漁事糾紛（指兩岸漁船對撞事件等等），這三個議題並不涉及政治層面，是海基會副秘書長層級的交流，但是等到兩會開始針對此三個議題進行協商，問題就一個個跑出來了。

「每一個議題裡面，對方總會把幾項當作是一個政治性議題，然後雙方協商就陷入膠著狀態。」劉德勳說。

那陣子有很多中國的客機飛到台灣來，劫機犯該怎麼處理，成為兩會第一個要協商的議題。

當時我方的原則是：「採用國際標準」，就是依各國處理劫機犯的通用程序處理，當被劫持的飛機一下到我方的機場，我方的檢察官就會帶著航警人員上飛機，接著把全部的人帶下來，飛機先回去，劫機犯則留下來做後續處理，進入司法程序，換句話說，國際標準不會原機遣返。

這時候，海協會就會要求我方「劫機事件應該將劫機犯原機遣返」。而海協會所謂的「原機遣返」就是把嫌疑犯上手銬之後，當場交還給他們，讓飛機、機組員、旅客與嫌疑犯搭乘原機，回到原先的航線、航程，就是原機遣返。

但國際標準中並沒有「原機遣返」，「因為原機遣返風險很高，是很危險的。」劉德勳分析。

怎麼說很危險？因為劫機事件，短時間內沒辦法確定有沒有共犯，如果貿然「原機遣返」，風險太高，所以一般按照國際慣例，一定是把飛機留在降落地，我方開始進行司法程序，絕不可能原機遣返。

當時兩會有關劫機犯協商的過程中，條文裡就寫著，劫機犯在司法程序中，經雙方協議，飛機先遣返，人員留下來繼續做後續的司法處理。

基於安全，按照國際慣例，我方協商代表提出這樣的做法聽起來合情合理，但是海協會協商代表卻說：「不行。」

為什麼要用「司法程序」，難道不能改為「內部程序」嗎？海協會協商代表不停地質問。我方負責談判代表也提出質疑：「司法程序是公認的，那內部程序是什麼？」

「內部程序」過於模糊，我方無法接受，「司法程序」對方也認為「司法」兩字太過於敏感，就因為條文當中要用「司法程序」或「內部程序」，讓幾乎已經達成共識的劫機犯遣返協議再度陷入膠著。

劫機犯遣返之外，偷渡犯遣返雙方的協商過程也碰到障礙。

偷渡犯遣返，海基、陸委兩會緊抓的大原則是，本國人如果偷渡回來台灣，也就是說台商如果偷渡回台灣，是不遣返給中國的，也就是所謂的「己方人民不遣返」，這是海基、陸委兩會掌握偷渡犯遣返的一個大原則。

在這個大原則下，我方協商的條文上就寫：「己方人民不遣返。」但是這樣寫，海協會就不同意了，為什麼會不同意？因為海協會負責協商的人員認為，這樣的用詞有瑕疵，「在談判桌上，他們就質疑為什麼條文是寫『己方人民』而不是『己方居民』不遣返？」劉德勳說。

到底「己方人民」跟「己方居民」有什麼不一樣，不是才差一個字嗎？為什麼雙方要對此僵持不下？

「因為一字之差，差別真的很大。」熟悉兩岸法政事務的劉德勳說。他說明，首先，如果是「居民」，在法律上，一個人可能有很多居所，比如一個台商，他可能戶籍地設在台中，公司在台北，公司又派他到上海，所以他在台中、台北、上海都有居所，這時我方可以說，他當然是台灣的居民，他的原住所在台灣。

但是，從對方的角度來看，對方也可以說，這個台商在上海也設了居所，所以也是上海居民，這時候對方就可以抓著「己方居民」這條寫下來的共識，來跟我們要人，「居民」是一個模糊的概念，但如果是「人民」就不會有這樣的問題存在，因為人民就跟護照一樣，分得很清楚。

「人民」跟「居民」看似差別不大，實際上卻是天差地遠，也因為協商的過程中，類似「人民」跟「居民」的爭議持續不斷，兩岸事務性協商進展也相當緩慢。

從一九九三年四月的辜汪會談，到一九九五年六月，劫機犯遣返、偷渡犯遣返、漁事糾紛這三個議題，兩會一直在談，但始終沒辦法簽定，後來因為一九九五年中國提出「江八點」，而我方拒絕接受中方提議兩岸在「一個中國原則」下進行政治議題談判，中共乃藉由李前總統的康乃爾之旅以及一九九六年總統直選，中斷兩岸事務協商，並接二連三舉行大規模的軍事演習，導致兩岸之間變得緊張，整個事務性協商也告停頓。

兩岸互動充滿了敏感且複雜的氛圍，始終要在確保立場和維持往來之間尋求可能的機會與空間，親身參與兩岸事務多年的蔡英文深刻理解，兩岸之間任何一個字、一句話、甚至一個動作都具有高度敏感性。

這也造成她之後不管在任何職位上，每次只要講到兩岸的東西，都會如此「錙銖必較」，甚至還被稱為「蔡更正」。因為她知道，兩岸之間，差一個字，結果就會完全不一樣，處理兩岸的任何事情，沒有犯錯的空間，因為一犯就是大錯，所以真的非得小心翼翼不可。

08 國安會諮詢委員時期的貢獻

「參謀總長湯曜明先生，要來跟蔡諮詢委員拜年。」

蔡英文一直到現在都還記得那一年春節，湯參謀總長在諮詢委員辦公室看到她的時候，臉上驚訝的表情。蔡英文心想，參謀總長一定在想「怎麼這個看起來像是學生一樣的小女生會是蔡委員！」

一九九八辜汪會晤，蔡英文以辜老英文秘書的身分隨行，面對大陣仗的國際媒體，擔任英文發言人的她條理分明、說理清晰的發言表現，深獲當時總統李登輝讚賞。

不久之後李前總統邀請蔡英文，擔任無給職的國安會諮詢委員。

當時國安會成員皆是李前總統最信任的高級幕僚，而長久以來國安會幕僚大多以男性居多，且大多是社會或政治歷練豐富的長者，那一年蔡英文四十二歲，頂著一頭清湯掛麵短髮的她，成為歷來最年輕、也是第一位女性國安會諮詢委員。

其實在擔任諮詢委員之前，經由另一位諮詢委員張榮豐推薦，蔡英文早在一九九五年就加入國安會幕僚，成為幕僚小組其中一員，一九九八年辜汪會晤，當時台灣經濟研究院院長吳榮義、台大政治系教授包宗和、以及政大國貿系教授蔡英文都是以教授的身分前往北京。

不過當時的蔡英文還多了一項任務，那就是在這一場歷史性的辜汪會晤裡頭，為了凸顯雙方平起平坐，爭取國際曝光度，李前總統特別指派她擔任英文發言人，協助處理兩岸議題。

「蔡英文深入參加辜汪會晤事務，對於兩岸議題，她很熟、很了解，也處理得很好，一點也不陌生。」現在回想起來，李前總統對於當時蔡英文的表現仍印象深刻。

九〇年代，全球的政治情勢正在改變，尤其一九九一年李前總統宣布結束動員戡亂時期，兩岸結束敵對狀態，之後第三屆國民大會第二次會議決議凍省，取消台灣省，當時李前總統一直在思索，凍省之後台灣已經不是省，那是不是一個國家？台灣的定位不明，李前總統深感台灣的國家定位問題，應該讓國際間有所了解。

一九九八年的一次言談中，李前總統與當時的國安局局長殷宗文聊到了台灣主權地位的問題，殷宗文正好要啟程前往歐洲進行訪問，其中一站是德國。殷宗文留德的背景，加上在德國求學時代的好友，正好在當時德國總理柯爾（Helmut Kohl）身邊擔任重要幕僚，透過殷宗文的穿針引線，台灣與德國政府高層之間建立了一條難能可貴的溝通管道。

當時全球仍處於美、蘇對抗的冷戰氛圍中，美國為了圍堵蘇聯，政治上「聯中抗蘇」的動作愈來愈明顯，柯爾幕僚透過殷宗文傳話給李前總統：「美國總統柯林頓（Bill Clinton）已經宣布了新三不政策，假使台灣不做一些主權強化的動作，主權將會慢慢地流失。」當時參與該案的國安會重要幕僚，透露了這段不為外界所知的機密外交事件。

當時柯爾政府對於台灣的國際地位相當關心，甚至還透過身邊重要幕僚開了三位重量級國際法學者的名單給台灣，請殷宗文帶回給李前總統。李前總統記得，其中一位是埃及開羅大學的國際法學者，另一位是在梵蒂岡的教廷，由於年代久遠，李前總統以及幕僚們已經忘記第三位的國家及名稱。

當時的想法，主要是想請這幾位重量級國際法教授到台灣，共同探討國家主權和台灣國際地位的問題，但因為若干因素，這幾位國際法專家最後都不能來。於是李前總統接受國安會幕僚的建議，決定請當時還是國安會幕僚小組一員，專精國際法的蔡英文負責這件事，包括主持「強化中華民國主權國家地位」專案小組，並赴英國和多位精通國際法的權威學者，討論國家主權相關的問題。

蔡英文主持「強化中華民國主權國家地位」專案小組，進行學術性研究，目的是在為國家主權涉及的問題與台灣的困難所在，理出一個脈絡，提供專業的分析，並未參與政治運作。

可以非常確定的一點是，蔡英文主持「強化中華民國主權國家地位」專案小組的歷練，讓她知道既要維護國家主權、又不挑起內部及兩岸的爭議及對立，唯有謹言慎行，才不會製造更多的紛爭。也因為這段經歷，和過去經貿談判及參加辜汪會晤等歷練，一九九九年蔡英文接受李前總統邀請，擔任無給職的國安會諮詢委員。

蔡英文擔任國安會諮詢委員期間，相當受到李前總統賞識，李前總統也曾指派蔡英文參加台灣與美、日的重要會議。蔡英文跟著當時已升任國安會秘書長的殷宗文一起做事，進一步涉獵到國安、軍事領域，這些親身經歷，讓蔡英文了解到國安對一個國家長遠發展的重要性，而這些都是很難得的歷練。

雖然蔡英文擔任國安會諮詢委員的時間並不久，但在李前總統的印象中，當時幾次重要的兩岸、國際事務，蔡英文都有參與也很清楚了解。「從兩岸、外交、軍事等角度來觀察，蔡英文的歷練與二〇〇〇年當時僅擔任過台北市長的陳水扁很不一樣。」李前總統補充。

確實，因為她的學術背景，以及多年來在國際經貿談判領域與大國斡旋折衝，蔡英文對於兩岸問題以及國際之間的政治現實，比其他政治人物有更深的了解、體會以及想法。

在政治層面之外，當時兩岸在經濟上面臨即將同時加入ＷＴＯ的新局。台灣成為ＷＴＯ會員後，須對所有其他會員國進一步開放市場，兩岸之間也將面臨相互開放市場、經貿往來愈來愈頻密的全新情勢。

對岸的貨品、服務、人員、資金等大量進入台灣，除了經濟面問題外，也牽涉到政治、社會及國家安全等層面。過去政府處理此類涉及國安問題，都是採高度管制的圍堵方式，但面對兩岸同時加入WTO的新情勢，圍堵已難處理愈來愈頻繁、數量愈來愈大的兩岸經貿活動。

為此，蔡英文以國安會諮詢委員身分向李前總統提出「國家安全網」的構想，以風險管理替代一味圍堵的僵化做法，在市場開放及國家安全之間尋找一個平衡點。這是一種現代化、進步的管理思維，之後成為扁政府時代處理兩岸經貿開放的重要配套機制，也充分展現蔡英文在處理高敏感性的兩岸事務上的周延思維及靈活手腕，這無疑也是她的一項重要政治資本。

09 陸委會主委時期的大轉變

「蔡英文妳究竟做了什麼事情，為什麼電視上都是妳的照片？」二〇〇〇年四月，蔡英文在出差前往WTO總部瑞士日內瓦的車子上，接到了台灣朋友打來的電話。

原來當時新當選的總統陳水扁逕自對外宣布，蔡英文即將接任新內閣的陸委會主委。

二〇〇〇年政黨輪替，原本不被看好的民進黨籍總統候選人陳水扁當選新任總統，外界對於陳水扁總統即將提出的內閣名單相當好奇，每天到處亂點鴛鴦譜，說誰誰誰即將入閣，蔡英文被報派點名，可能是陳水扁新內閣的陸委會主委口袋名單之一。

當時即將卸任的李登輝總統對於蔡英文接下來的動向也相當好奇。

有一天，李前總統在總統府的走廊遇到蔡英文，就問她：「外面傳說妳要接陸委會主委？」蔡英文連忙回答：「不是、不是。」她甚至還拜託李前總統，如果有機會跟新任總統陳水扁聯絡時，幫她跟阿扁講，「可不可以考慮其他職務，但就是不要接陸委會主委」。

蔡英文過去常開玩笑說，四十歲之前，完全不懂政治，或許這是句玩笑話，但確實是真話。

對於過去一路擔任教授、ＷＴＯ談判顧問、公平會委員、國安會諮詢委員的蔡英文來說，就是貢獻自己的「專業」，為國家、社會做事，對於政治，她沒有人脈，也很冷感，根本是個門外漢，她也搞不清楚「陸委會主委」要做些什麼？

一開始蔡英文私下詢問了幾個朋友，大家都提醒她「陸委會偏藍，妳是綠營的陸委會主委」，最好不要去。

她的嫂嫂有一群香港朋友，看到新聞也請嫂嫂轉達蔡英文「江湖險惡，不要亂闖」，甚至她最信任的小學同學，在陸委會屬於創會元老級人物的詹志宏（時任陸委會企畫處長）也勸她「不要惹麻煩」。

詹志宏告訴她：「陸委會很複雜，政治性很高，有統獨爭議，還會夾在總統、國安會、海基會之間，有時候真的是裡外不是人。」詹志宏觀察到，過去不管是黃昆輝、張京育、蕭萬長等歷任主委都做得不輕鬆。

尊重與授權，讓幕僚為她撐腰

面對外界的勸阻，蔡英文並沒有想太多，她覺得想太多是給自己找麻煩，「已經定局，就好好去做吧。」蔡英文在心中這樣告訴自己，她甚至把政大的教職都辭掉了，就為了專心做好陸委會主委的工作。

詹志宏看到蔡英文的決心，他告訴蔡英文，陸委會因為成立不久，所以年輕、僚氣少，同仁專業也優秀，專業的東西交給同仁就沒問題。所以蔡英文一進到陸委會，一級主管全部沒有動，她自己只帶了一個秘書就來上班了。

甚至日後的決策，蔡英文也都會找各處的處長討論，一個一個充分授權，信任加上授權，讓蔡英文很快就跟陸委會同仁們融合為一。

有一次蔡英文提到自己與幕僚的關係，她打了一個有趣的比喻。

她說，陸委會如果是一張桌子，那她在陸委會的角色就像放在桌子上的花瓶，花瓶可以穩穩放在桌子上，是因為有撐起這張桌子的腳，而像傅棟成、詹志宏、劉德勳、鄧振中等許多專業幕僚，就是桌子的腳。

由於蔡英文尊重專業，幕僚會根據專業大膽對老闆建言，蔡英文說，當時她的辦公室在十六樓，經濟處長傅棟成的辦公室在十七樓，她每次聽到樓上有踱步的聲音，就知道傅棟成快下樓找她了。

果然沒幾分鐘後，傅棟成就來敲門。一開始傅棟成會說：「這個有點問題，那樣不太對。」接著會很有條理地列出反對蔡英文決策的理由，當蔡英文說明她的考慮時，傅棟成又會再提出其他的疑慮，明確指出蔡英文沒有考慮到的地方。

但是一旦蔡英文已經下決定要做某件事，傅棟成仍會遵照職場倫理認真去執行，而且還會反過來再向蔡英文提出必須面對的新問題，最後只要有媒體問到比較專業的、棘手的問題，蔡英文的回答常常是「這要問傅棟成，只有他懂，別人不懂」。

但是要當一個好的政務官，光是尊重專業及能夠和同仁融洽相處還不夠，如果真的要做好「陸委會主委」這個工作，蔡英文對外的「態度」仍必須調整。

首先，過去蔡英文因為個性內向，不太喜歡跟政界的人互動，那時詹志宏告訴她，陸委會是政府不是政黨，所以他建議新任主委能夠塑造一個平台，把各個政黨、各種意見納進來，這樣陸委會同仁才能夠用專業把主委提出的政策一起往前推。

「陸委會主委是一個平台，千萬不要變成政治立場色彩濃厚的主委，要跟各政黨去互動。」詹志宏建議蔡英文。

再來，蔡英文過去也不太喜歡跟媒體互動，甚至還當著媒體的面半認真、半開玩笑地講：「我很不喜歡跟你們在一起。」

詹志宏私下跟蔡英文說，第一次政黨輪替，大家都在看陸委會主委會怎麼做，媒體是跟民眾溝通的一個媒介，媒體、立委、各部會的行政人員雖然各有立場，但一定要好好溝通、好好面對，政務官有把政策說清楚的義務。

之後，蔡英文開始逐漸加強跟媒體互動，甚至也定期親自主持記者會，闡述自己的政策理念。

每次詹志宏以老朋友的身分，跟蔡英文分享這些觀察或是提出建議，蔡英文只是靜靜地聽，有時提出問題，但通常不會表示什麼意見，「這些建議都是我十幾年在陸委會累積的功力，我沒想到她一聽完就很快地吸收，也融入自己的決策中。」詹志宏說。

一路在旁邊觀察，詹志宏看到蔡英文的轉變。

詹志宏記得二〇〇〇年五月二十日，蔡英文第一天到陸委會報到上班，搭電梯上樓的時候，一路頭低低沒在看人，很多人看到新主委在電梯裡面，也不敢搭同一部電梯上樓。

沒想到幾個月後，全辦公室的人，蔡英文幾乎全部認識了，蔡英文進了電梯，如果剛好有同仁進來，她會主動叫出名字，跟對方講話，一個一個去認識、了解，「她真的很用功，學得很快，她的學習能力真的很強。」詹志宏說。

有一回蔡英文提到過去一起打拚的陸委會夥伴們，她又再次把「花瓶理論」提出來說了一遍。她說，她這個花瓶的功能就是代表幕僚們到立法院應對立法委員答詢、面對媒體開記者會。

國會議事殿堂上一向犀利的蔡英文，在二〇〇四年五月十八日陸委會溫馨的離職歡送會上，一改慣有的冷靜風格，感性地自我表白，她說：「其實，面對問題，雖然我要求很多，表面冷漠，但還是有感覺的。」蔡英文很感謝陸委會同仁的高度包容、任勞任怨，讓她感受到，她是幸運的主委。謙虛的態度讓過去共事過的陸委會夥伴同仁們都覺得很感動。

10 半年內推動小三通

「金門小三通人數今年突破一五〇萬人次，創下小三通試辦十四年單年度新高，金門小三通已是兩岸黃金航線。」

這是二〇一四年年底媒體報導小三通（金門、馬祖與對岸直接通航）人數創新高的新聞。

任誰都沒想到，當年被媒體唱衰為「通三小」，被對岸有關專家直言是「小兒科」的小三通，現在竟然成為「兩岸黃金航線」，而蔡英文就是當年讓「小三通」正式通航上路的最重要推手。

時間回到二〇〇一年一月一日，當天是兩岸小三通正式啟航的大日子。雖然因為對岸政治角力，晚了一天才正式入港，但當時它對穩定兩岸大局的重要意義，反而更加凸顯。

看著金廈通航訪問團搭乘的太武號、浯江號客輪直航廈門港，從馬祖出發的台馬輪也順利抵達馬尾港，打開了兩岸五十年來的歷史性首航，陸委會主委蔡英文跟幕僚們總算稍稍鬆了一口氣，為了這一天，他們已日夜連續加班了好幾個月。

如果你問蔡英文在陸委會任內印象最深刻的事情是什麼，她的答案一定是「小三通」。

二〇〇〇年政黨輪替，綠營由於得票未過四成，國會席次也未過半，施政處處受到限制，當時北京對新政府也採取「聽其言、觀其行」態度，兩岸關係進入全新的摸索階段。

一個少數執政、兩岸生手的新政府，在北京冷處理的情況下，如何突破禁忌讓小三通在短短半年內就能順利上路，當年參與推動小三通的幕僚現在回想起來也覺得「很神奇」。

二〇〇〇年五月二十日，蔡英文接掌陸委會主委，政黨輪替、又是第一位女性主委，朝小野大、北京對新政府「留校察看」的做法，蔡英文這個新手主委要怎麼推動兩岸關係，成為當時媒體追逐焦點。

十天之後蔡英文以行動證明，她不搞意識形態，而是一個願意面對問題、處理問題的「務實派」主委，同時也是一位有「前瞻眼光」的主委。

因為就在上任第十天，蔡英文帶著幕僚親自跑一趟金門實地考察，鎖定「小三通」是陸委會的優先政策。

當時媒體冷嘲熱諷的不少，大致上的意思都是說，「小三通在國民黨時代都動不了，民進黨又視三通為禁忌，加上對岸根本瞧不起小三通，蔡英文是有多大本事可以推得動？」

從蔡英文一開始鎖定小三通為優先政策，就可以看出她做事情務實的態度以及政策規畫的深謀遠慮。

首先，蔡英文認為，當時兩岸之間，在政治上屬於緊縮狀態，但是兩岸即將加入世界經貿組織，整個國際氛圍也都在轉變，所以在政治緊縮的情況下，經濟需要某種程度的放寬，否則兩岸之間政治緊、經濟也緊，對於兩岸關係的發展並不是好現象，若從緩和兩岸關係的角度來看，「新政府必須推動小三通」。

再來，兩岸加入WTO之後，接下來我方勢必要面臨「大三通」的問題，但在當年民進黨裡頭，反對大三通的壓力並不算小，所以當時蔡英文的想法是，「小三通並不是立刻的直航，而是將已局部存在的小三通合法化，把法規制度建立起來，剛好可以做為大三通的一個先期的試驗」。

況且，如果小三通可以順利進行，對於互信不足的兩岸關係是一種善意的累積，也為未來的直航打下基礎，蔡英文在立法院的小三通報告上這樣對立委說明。

其實蔡英文也很清楚，當時法令上雖然不允許小三通，但是檯面下的小三通已經存在一段時間。

她認為，與其讓金馬地區民眾，因為生活需要，常常冒高風險向大陸直接購買農漁產品，造成走私、直航大陸的犯罪行為，不如將「小額貿易除罪化」，透過法治化、制度化管理日益頻繁的「小三通」，讓小三通「化暗為明」。

於是幕僚團隊依循在政黨輪替前（二〇〇〇年三月二十一日），立法院通過的《離島建設條例》第十八條，訂明「為促進離島（指澎金馬地區）發展，在台灣本島與大陸地區全面通航之前，得先行試辦金門、馬祖、澎湖地區與大陸地區通航」，這一條《小三通條例》開始積極推動小三通在半年後上路。

但是，要把小三通由暗轉明，基本上是個大工程。

一個陸委會，單槍匹馬協調十幾個部會

首先，雙方私底下的貿易行為雖然已經存在，但是金馬當地港埠都沒有通關作業，所以要走正式的管道，要有通關的作業，就會需要港埠設施、需要制度，軟體、硬體的設備，這些都是從無到有，一切都要重新建立，而這就會牽動到十幾個部會，國防部就是其中最困難的一關。

由於金門、馬祖是國防重要駐地，彈藥庫可說是布滿了整個金門島，如果要正式推動小三通，國防部很多的軍事設施、彈藥庫等都要全部移走，這會涉及國防及國安問題，國防部、國安會會不會支持陸委會，都是個變數。

幸好在蔡英文積極的溝通協調下，當時的國防部長也全力支持金馬小三通，等到國安會、總統等高層決策通過後，陸委會全部動起來，只是一個不到二百人的陸委會要去協調十幾個部會一起來推動小三通，並不是一件容易的事。

再來人跟貨要交流，港埠建設牽涉到的是交通部；對方的船要進來，會牽涉到

海巡署；接著人員要入境的問題，就會牽涉到財政部的海關、內政部的移民署，以及檢驗疾病的衛生署疾管局（現在的衛福部疾管署）。至於貨的檢驗，就會牽涉到經濟部商檢局，動植物檢驗則是農委會。

當時大家也很擔心，對岸的人到金門之後，失蹤或是犯罪，這時候就需要法務部出面處理，等於說外界看起來好像很簡單的「小三通」，其實是橫跨了十幾個部會的業務協調，「這十幾個部會，陸委會都必須主動出面協調，我們真的每天都忙得人仰馬翻。」詹志宏說。

當然除了陸委會積極地溝通協調各部會讓小三通順利上路，對岸的態度也很重要，「最後可以行得通，一定是雙方有一定的諒解，如果對方不做，我們硬要推，這也很難啊！」當時負責小三通規畫及執行的傅棟成說。

詹志宏不諱言「當時兩岸之間互動雖然沒有那麼密切，但溝通的管道一直是存在的」，至於怎麼跟對岸溝通，傅棟成表示，基本上就是透過雙方政策宣布，還有縣長跟對岸的地方政府，去傳遞這些政策的訊息，雙方的共識就慢慢形成，小三通也正式啟航了。

眾人印象中偏向保守的陸委會以超高的效率與協調能力，用半年的時間就讓小三通正式上路，但大家一定沒想到，因為太認真、推動的速度太快，蔡英文在陸委會主委的第二年，還因為過於快速推動小三通上路，差一點丟掉主委的位子，可見當時她雖然獲得的掌聲不少，但也面臨很大的壓力。

歷史的進程，總是百轉千迴，把時間軸拉長，很多事情可以看得更清楚。當年被北京戲稱為「小兒科」、讓蔡英文差一點丟官的小三通，上路至二〇一五年已十五個年頭，人數從第一年通航時的兩萬人，每年倍數成長，二〇一五年將可望刷新紀錄，突破一六〇萬人次。

中國的媒體在小三通通航十週年的回顧上，也首度肯定了小三通在兩岸交流中扮演著特殊的角色，人民網的文章上面寫著：「小三通拉近了兩岸人民的距離，為兩岸走上全面三通累積了寶貴的經驗。」

二〇〇〇年蔡英文赴立法院針對小三通做專業報告時曾說：「小三通的意義有二，首先、政府可藉著小三通的經驗，做為將來規畫大三通的參考依據；另外，小三通還代表兩岸阻隔五十年後，相互往來的象徵意義。」可見類似的話，早在小三通剛開始推動時，蔡英文就已經說過了。

11 有策略的開放——八吋晶圓廠登陸

蔡英文接任陸委會主委時，除了面臨對岸的壓力，最大的挑戰還是來自於台灣內部對於兩岸經貿政策未來走向的對立與衝突。

當時企業界對於實施多年的「戒急用忍」反彈聲浪愈來愈大，不少企業甚至透過第三地，再赴中國投資、設廠，偷跑、挑戰政策的情形愈來愈普遍。另外，台灣、中國都加入了WTO，成為國際貿易組織旗下一員，且中國和東協展開自由貿易區談判，國際政經情勢的變化也帶給台灣很大的挑戰。

但是，當時北京對民進黨政府一直採取強硬措施，對於台灣在國際上的生存空間持續打壓，甚至對準台灣的飛彈也是有增無減，這些不友善的態度，也讓很多人擔心，如果兩岸經貿往來愈來愈熱絡，當台灣的經濟過度倚賴中國，將會讓台灣受制於中國，掉入中國「以商促統」的陷阱當中。

蔡英文知道，要處理這樣的衝突與對立，困難度相當高，為了在天平的兩端找到解決問題的方法，在完成小三通的正式通航後，蔡英文把大部分的時間都放在凝聚兩岸經貿共識上面。

二〇〇一年美國網路科技泡沫破裂，美股崩潰，台灣經濟受到嚴重衝擊，股市重挫至四千點，在各界一片「救經濟」的呼聲當中，陳前總統決定在八月召開「經濟發展諮詢委員會議」。

陳前總統召開類似國是會議的經發會，主要是希望透過經發會的召開，凝聚朝野及社會共識，為台灣未來經濟發展找出新的方向，而「經發會」五個分組當中，由陸委會負責的兩岸組，是當時社會各界最關注的焦點。

當時，身為陸委會主委的蔡英文知道要凝聚共識是件很困難的事，於是她採取開放的態度，帶著陸委會幕僚，一個個拜訪各政黨代表，傾聽各界意見領袖的想法，在各方對立的意見當中，反覆推敲、折衝，試圖找出大家可以接受的共通點。

加上當時海基會董事長辜振甫先生出面協助，兩岸組達成三十六項共識，包括企業登陸的「戒急用忍」政策改為「積極開放、有效管理」、開放海空運直航、開放大陸人士來台觀光、開放中資來台從事事業及房地產投資等等，都是在當時就確立的政策方向，並交由陸委會負責推動。

「兩岸組過關，經發會才過關」，當時負責兩岸組幕僚，堪稱幕後靈魂人物的傅棟成說。因為兩岸組在兩岸經貿政策上成功凝聚朝野及社會共識，讓「經發會」獲得全國一致的肯定。

兩岸經貿政策從「戒急用忍」調整為「積極開放、有效管理」，蔡英文馬上面臨兩個大難題，分別是「台塑寧波投資案」及「八吋晶圓登陸案」，由於石化業和晶圓產業是台灣經濟命脈，也是經濟支柱，一時之間贊成、反對雙方聲音都很大，幾乎難以找到平衡點。

到底「積極開放、有效管理」該怎麼落實，也考驗著蔡英文。她的態度是，不會禁止登陸，但卻講究風險管理、有能力管理的開放。

二〇〇一年六月十九日，台塑集團主管邀集經濟部、陸委會、國安局、央行、勞委會等單位，於台北凱悅飯店協調關於台塑集團赴大陸寧波投資一事。在那次的會議上，經濟部投審會及工業局代表對台塑寧波四件投資案，均認為單項投資額都不超過五千萬美元而表示同意，但陸委會卻有不同意見。

因為不少政府高層認為，台塑寧波投資案雖然單項投資金額都未超過五千萬美元上限，但若加計海外籌資，就會超過上限三倍。陸委會體認到此案內部爭議點很多，時機尚未成熟，所以在會中提出不同看法，引發台塑集團董事長王永慶發萬言書大肆抨擊執政當局，媒體甚至以「王永慶卯上蔡英文，誰擋誰的路？」大篇幅加以報導。

除了遭到台塑董事長點名炮轟，蔡英文也記得當時八吋晶圓要開放登陸，還接到李前總統從醫院打電話來，李前總統因為發高燒住院好幾天，一醒來馬上打電話給蔡英文說，他最關心的就是「八吋晶圓要開放登陸」。李前總統的態度是：「絕對不能開放。」

蔡英文曾經說過「差一點死在八吋晶圓」，可見當時面臨的壓力有多大。

有效管理，獲張忠謀肯定

不過，任何壓力同時也有平衡的一端，蔡英文認為這樣反而能夠讓決策者更小心，於是她花了更多的精力讓更多人理解，她說「在沒有壓力的情況下做決策，容易出現盲點，反而會更危險。」

由於當時主張大幅開放的經濟部長林信義，每天遭到媒體炮轟，所以就策略上來說，蔡英文就採取守勢，試圖在企業利益與國家經濟命脈延續之間找到平衡點。

她決定敞開心胸，親自拜訪當時台聯的黨主席黃主文以及台積電董事長張忠謀，甚至每一次有新的結論出來，蔡英文都會親自打電話請教張忠謀，詢問他的意見，「大家坐下來開誠布公好好談，就容易找到解決事情的方法。」蔡英文說。

最後「積極開放、有效管理」的第一個大案「開放八吋晶圓廠赴中國投資」，在有效管理的部分，是以該廠商十二吋晶圓廠在台量產為前提，搭配三座晶圓廠為上限，號稱「總量管制、技術領先」順利過關。

而八吋晶圓廠最後得以有條件開放的模式登陸，蔡英文尊重專業以及實事求是、認真處理事情的態度，則獲得半導體教父張忠謀相當的肯定。二〇一六年大選，蔡英文企業學習之旅的第一站，就是到台積電拜訪張忠謀董事長。

回想起「台積電八吋晶圓廠登陸」，蔡英文說：「那個案子是一個典範。」

為什麼說是典範，現在回頭來檢視，二〇〇二年開放八吋晶圓廠登陸至今，台灣的晶圓產業競爭力並沒有因為那一次的開放登陸而流失，到現在台灣的晶圓產業技術還是走在世界前端，台積電到現在還是穩坐全球晶圓代工產業龍頭的地位。

任何的開放，都是有成本的，都必須有配套的措施，才不會傷了經濟的根本。看到台積電今天的表現，蔡英文心中有感而發，她深信「如果大家都好好坐下來談，其實開放是可以很有策略性的」。

12 完成比服貿還難的兩岸條例修法

如果「小三通」是蔡英文在陸委會任內印象最深刻的事情，那麼讓她付出最多心力的就是《兩岸人民關係條例》（以下簡稱《兩岸條例》）的大翻修。

「兩岸無小事」，這是長期參與兩岸事務的人常常會提起的一句話，哪怕是一點點風吹草動，都可能引起意想不到的驚濤駭浪。首次執政，面臨「朝小野大」困局的民進黨，卻在二〇〇三年完成了難度極高的《兩岸條例》最大幅度的修訂。

怎麼說難度極高？因為從一九九二年《兩岸條例》制定完成上路以來，至二〇一五年已經二十三年，台灣歷經三位總統，兩次政黨輪替，這部法令，唯一的一次大翻修就在蔡英文擔任陸委會主委期間。

二十三年間兩岸的往來日益熱絡，但是卻沒什麼人願意去「大幅度更動」這部法令，「這部法令具高度政治性，要大翻修的困難度，大概跟今天要在立法院通過《兩岸服務貿易協定》一樣的高。」前陸委會主秘詹志宏說。

時間回到二〇〇二年元旦，台灣以「台澎金馬個別關稅領域」名義正式加入WTO，緊跟在十多天前先加入的中國大陸之後，兩岸交流即將進入新的局面，攸關兩岸政策實施進程的《兩岸條例》也面臨制訂以來最大幅度的修改。

但由於執政的民進黨、在野的國民黨、親民黨、新黨、台聯等彼此之間意識形態涇渭分明，執政黨對於法要怎麼修，內部意見也呈現分歧。換句話說，身為陸委會主委的蔡英文想要大翻修這部法令，不但得說服不同黨派的立委，還要平復黨內反對的聲浪，更要面對其他政黨的質疑，可以說一人要面臨多方作戰。

那一段時間，蔡英文連走路都在思考，要用什麼辦法，才能在法案審查的過程中，化解各黨之間的歧見。她利用歷年談判時期所培養的跨黨派人際脈絡，蒐集各方資訊「知己知彼」，想盡辦法在立場南轅北轍的立法院尋求突圍的空間，費了好大一番功夫，終於完成修法。

在立法院，每每面對在野黨立委的強勢質詢，蔡英文因為思路清晰、邏輯清楚，兩、三句就可以把對方駁倒，給人一種「伶牙俐齒」的感覺，但這一段艱辛的修法過程，卻讓人看到蔡英文折衝樽俎的能耐。

不滿陸委會推動三通的步伐過於緩慢，國民黨、親民黨、新黨，從二〇〇二年立法院會期一開始便積極展開攻勢，目標鎖定修改《兩岸條例》。蔡英文基於經發會落幕後，《兩岸條例》必須調整，加上泛藍陣營步步進逼，為了避免政府兩岸政策主導權遭在野黨搶奪，她決定「化被動為主動」，主導《兩岸條例》修法。

《兩岸條例》雖屬陸委會管轄，但卻牽涉到相當多的部會，由於兩岸之間很多民間活動及行為已走在法令前面，許多部會也正為《兩岸條例》落後，導致許多民眾走在法律邊緣而傷腦筋，既然陸委會主動提出要修法，其他部會都很歡迎。

隨著幕僚一一回報許多部會都有修法的需求，在策略上，蔡英文先聽取專家學者以及其他部會的意見，先了解這條例與現實的差距有多大，除了跟上民間的腳步，蔡英文也希望這次修法不僅解決現狀問題，還要能夠有前瞻性思考。

當時陸委會的目標是，法令不能永遠跟在民間之後，既然《兩岸條例》要修，就希望未來能夠再用五年、十年，「因為必須是具有前瞻性的修法，難度頗高。」陸委會前副主委劉德勳說。

蔡英文從現狀去思考，同時也希望了解民間的需求，為了能夠集思廣益，首先，她想出了一招，就是租用飯店的會議室，把對於《兩岸條例》有研究的專家學者以及陸委會同仁都找來，然後把這一群人關在會議室整整三天，利用這三天把草案擬定出來。

當時還是法政處長的劉德勳回憶起會議的場景說：「所有參與的人員都不能隨便離開，一有問題大家必須提出來馬上討論、馬上修改，有時候這次決定的條文，下次會議又重新翻一遍也所在多有。」他記得那個會議開得很有效率，蔡英文對修法的態度相當積極。

再來，除了先把陸委會修訂版本的《兩岸條例》搞定，立法院開議審查前夕，為了解各黨意向，蔡英文不但先行向各黨團立委簡報法案內容，甚至還十分罕見地邀請民進黨團總召柯建銘親赴陸委會解說立院政治生態，備戰意味相當濃厚。

她利用國、親、新、台聯不同黨派之間，意識形態的南轅北轍（親民黨積極促成三通、台聯反對貿然三通），來拉開自己與立院黨團談判戰略縱深，從而建構最有利於自己的談判格局。

對於立法院立場各異的立委們，蔡英文先請幕僚們一個一個去摸底，把每個立委真正的想法搞清楚，之後她再親自登門去拜訪一個個立委。

「那時候立委還沒有減半，我們一共拜訪了二百多位立委，真的很累。」詹志宏回憶。詹志宏那時候甚至異想天開，想說乾脆在陸委會、立法院之間（兩者之間隔著一條濟南路）搭一座橋，方便天天跑立法院。

蔡英文除了多次前往立法院，還親自向立法院長王金平簡報，說明修法的重要性，尋求院長對於法案的支持。在這個長達半年的修法過程中，蔡英文不厭其煩地前往立院溝通、協調，讓詹志宏看到她為了達成一件事情所具備的毅力、耐心及協調的能力。

除了耐心，蔡英文也有謀略

尤其在《兩岸條例》修法的最後關頭，蔡英文設計了一個虛擬的籌碼，她將原本大陸配偶「八年拿到身分證」的規定提高到十一年，當然引起在野反彈聲浪；直到最後關鍵時刻，她做出讓步，把十一年退回八年，「這是沒有失去任何東西，卻把配額權（大陸配偶取得中華民國身分的名額）從立法院拿回到行政部門。」一位陸委會官員透露他看到蔡英文的謀略。

現在回想起來，蔡英文說，這些策略運用及面對立委的身段，都是參與經貿談判時期訓練出來的，而這樣的訓練過程，讓蔡英文做事情謹慎又有謀略。

最後《兩岸條例》修法過關之後，王院長在接受媒體訪問時說，看到蔡英文「眼光泛淚」，不忍心看她付出這麼多心力最後功敗垂成，所以積極協調，一直到現在，蔡英文都還很感謝王院長對此案協調付出的努力。

在此法案修法完成後，陸委會要推動的重要政策一一出爐，包括建立兩岸包機直航、試辦開放中國觀光客來台的運作制度。

當時因為民進黨政府不承認「九二共識」，所以海基、海協兩會協商暫停，官方對官方的正式談判也行不通，但是在經發會確立政策及《兩岸條例》修正案通過後有了法源，兩岸針對三通於是摸索出另一種以「民間」對「民間」形式包裝的新談判模式。

當時在航空業部分，兩岸雙方各以台北市航空運輸商業公會及中國民航協會為談判主體，雖然表面上是民間團體，但實際參與主談的人員卻是官員（我方是交通部民航局長張國政，對方是交通部民航總局台辦主任浦照洲）。

「當時兩岸開會，雙方就像是披了一件外套，穿上外套就說是民間團體，但是外套底下就是官員，所以大家開會都很小心，都很怕曝光，因為這實際上就是政府對政府的談判。」詹志宏很傳神地描述當時談判的情境。

透過雙方不停的摸索、協調，彼此慢慢建立互信關係，兩岸包機直航終於在蔡英文擔任陸委會主委的任內首度起飛。二〇〇三年一月二十六日清晨，第一架包機從桃園機場經停香港後直飛到上海，詹志宏就坐在首航的包機當中，當時詹志宏心裡很清楚，包機直航為兩岸直航跨出一大步，成功為接下來的大三通打穩基礎。

13 歷來最有 power 的陸委會主委

在擔任陸委會主委期間，蔡英文一直是媒體寵兒、鎂光燈的焦點，在立法院備詢時，面對在野黨立委咄咄逼人的質詢，總能三、兩下反擊，讓支持者大呼過癮。在野黨立委三不五時喜歡找她備詢問話，增加曝光度，讓她成為支持度、滿意度最高的內閣閣員。

二〇〇四年總統大選後，她卸下陸委會主委一職，瀟灑走一回，當時海基會前秘書長許惠祐形容：「蔡英文徹底顛覆了陸委會的形象。」

怎麼說蔡英文徹底顛覆了陸委會的形象呢？

在二〇〇〇年以前，李前總統主政的時代，國安、兩岸決策由上而下，歷任陸委會主委包括黃昆輝、蕭萬長、張京育、蘇起雖然是總統欽點的人選，也有相當程度的信任關係，但陸委會充其量不過是個參與者，甚至是執行配合的角色。

但是蔡英文擔任陸委會主委的時候就很不一樣，她擔任陸委會主委期間，徹底改變了陸委會僅是「參與者」這樣的決策生態。她低調、務實，主導性格卻強，不僅墊高了陸委會決策的地位，讓總統尊重她的發言，遇到不能妥協的事情，蔡英文一肩承擔的堅持，甚至連保守的軍方都感到很佩服。

堅持底線，卻不是死硬的「基本教義派」

當時包括張俊雄、游錫堃兩位前後任行政院院長，都曾經很清楚地告訴過媒體：「兩岸政策不要問我，你們去問蔡主委就可以了！」甚至當時各部會任何與兩岸相關的政策，都要彙總到陸委會來，陸委會的重要性、蔡英文對兩岸政策的發言，幾乎到了說一不二的地步。

另外，二〇〇〇年到二〇〇四年對中國的關係中，有很多事要和軍方一起處理，碰到軍方不方便站出來處理的政治問題，陸委會也會替軍方出面協調。

最著名的莫過於林毅夫回台奔喪事件。一九七九年在服役期間叛逃到中國的林毅夫，二〇〇二年因父親過世想回台奔喪。到底該不該讓林毅夫回台，當時在社會上引起很大的爭論，甚至民進黨內部也有不少人表達，基於人道立場，政府應該批准。

面對輿論沸沸揚揚，時任陸委會主委的蔡英文了解到，如果一個曾經叛逃的人，只要時間一久，就可以因為政治因素，透過特權讓其回台，接下來軍令將無以為繼。

她了解軍方的難處，也認真思考衡量，在當時台灣與中國仍處於軍事對峙的情況下，國家安全與人道精神孰輕孰重的問題。最後她決定以國家安全為重，在「林毅夫奔喪」事件上，獨排眾議力挺軍方。甚至二〇〇四年防禦性公投的題目，其中有一個是關於武器採購，也是在徵詢軍方意見後，由陸委會出面處理。

關鍵時刻，才能看出一個人的作為。在兩岸政策「把關」上，蔡英文儘管低調，但絕對堅守「底線」。雖然她是堅持底線，卻又不是死硬的「基本教義派」。

觀察蔡英文在陸委會主委任內，話確實說得很少，也不會透過媒體大量曝光宣傳政績，乍看好像平淡如水，沒什麼突出的成績，但仔細檢視，她在陸委會任內卻悄悄開放了不少政策。

包括小三通、東莞台商學校成立、大陸高科技人才來台、大陸媒體來台駐點、金融機構赴大陸設辦事處、大陸人士擔任大學教職及特定公職、放寬大陸配偶在台工作許可、重啟遣返大陸偷渡客與劫機犯、《兩岸條例》修法、包機直航、開放大陸觀光客來台等。

這些政策，相當於政黨輪替前五年兩岸政策的總合，可以說，蔡英文「政治緊、經貿鬆」這「一緊一鬆」的兩岸政策，把一直以來幾乎是個「冷衙門」、「配角」的陸委會經營得有聲有色。

一直到後來二〇〇八年政黨輪替，馬政府時代號稱最年輕的陸委會主委王郁琦或是現任來自外交體系的夏立言等，在兩岸政策上，幾乎都很難脫離政策參與者，或是執行配合的角色，自主性不可同日而語，前前後後兩相對照，蔡英文可說是歷來最有政策主導能力的陸委會主委。

2015年在華府美國智庫戰略暨國際研究中心（CSIS）以「台灣迎向挑戰——打造亞洲新價值的典範」為題發表演說。
（照片來源：蔡英文競選辦公室提供）

Part 3 波平浪靜或地動山搖

14 雙英ECFA辯論到太陽花學運

在希臘神話故事裡，有一位能預知未來的先知叫作卡珊德拉（Cassandra），雖然她能洞悉世事、預知厄難，但是卻被阿波羅神（Apollo）下了詛咒：「卡珊德拉的預言，將得不到群眾的信任。」

其中最著名的例子，莫過於卡珊德拉預言厄運將要降臨特洛伊城（Troy），偏偏特洛伊人就是不相信她的預言，硬是把希臘人製作的木馬拖進城內，結果導致特洛伊城傾覆。

這個世界上，最痛苦的事情不外乎明知即將發生災厄，卻只能眼睜睜看著災厄發生，這比自己身陷危難還要痛苦千萬倍。

如果大家仔細回頭檢視二〇一〇年四月二十五日，總統馬英九與民進黨主席蔡英文，在兩岸簽訂ECFA（Economic Cooperation Framework Agreement，經濟合作架構協議）電視辯論會的對話，尤其是蔡英文在這場辯論會中向馬英九提出的字字句句警語，一定可以理解希臘神話故事裡先知卡珊德拉心中的痛苦。

雙英辯論會後，據《蘋果日報》民調結果顯示，五三．二六％受訪者認為馬英九略勝一籌，四一．七四％認為蔡英文比較好。TVBS（無線衛星電視台）民調結果是馬英九表現比較好的占四六％，認為蔡英文表現好的有三四％。ECFA雙英辯論會之後的多數民調均指向蔡英文表現不佳，顯示蔡英文在這場辯論的落敗——辯論會結束後有很多媒體這樣寫著。

「當時民眾可能認為馬總統講得比較好，但是現在事實證明，當時蔡主席的擔憂是對的，她講的很多事情，現在都應驗了。」陸委會前副主委傅棟成說。

確實，這場史上首次朝野領袖政策辯論，如果以臨場表現來看，執政的馬英九以國台語交互運用，強力論述簽訂ECFA的必要性，活脫像是個在野黨一樣火力全開，批評民進黨八年執政消極鎖國、原地踏步，使台灣一步步被邊緣化，講話內容充滿政治語言，很容易引起民眾共鳴。

在辯論會上馬總統說：「簽訂ECFA有急迫性，非簽不可，跟時間賽跑，要愈快愈好，因為簽訂之後將為台灣帶來出口增加、外資增加、台商資金回流、增加二十六萬個就業機會，接下來也會簽訂更多FTA，台灣將展開黃金十年，讓台灣經濟再出發，領先亞洲四小龍。」

尤其一句「簽訂ECFA有如打通台灣經貿的任督二脈，可以讓台灣貿易變成一尾活龍，全球布局能力會提升，台灣在東亞的經濟地位會提升，將是利大於弊。」更是經典名言，再配上當時馬政府某位財經首長說，簽訂ECFA股市將上看二萬點，馬政府把ECFA的願景描繪得無比瑰麗，讓不少民眾像吃了迷幻藥一樣如癡如醉。

早預言ECFA過度傾中的危厄

反倒是在野的蔡英文像是個循循善誘的教授，在辯論會中不斷提醒身為總統的馬英九，做為一位有擔當的政治人物，應該有的責任及視野。

蔡英文不斷地對馬總統提出質疑：「可曾想過簽ECFA對於主權的影響？可能要付出的政治成本和社會成本？總統不是競爭學或是經濟學大師，是有政治責任的。做為一個領導人，難道只聽競爭學大師的話嗎？」

蔡英文在倫敦政經學院求學時，對全球經濟變化所產生的分配問題最感興趣，長期以來，不管擔任什麼職務，她都特別留意「分配」的問題。

所以當蔡英文看到香港簽訂CEPA（Closer Economic Partnership Arrangement，內地與香港關於建立更緊密經貿關係安排）之後，導致香港房地產飆漲、社會貧富差距嚴重擴大，甚至成為全世界貧富差距最嚴重的地方時，洞悉力敏銳的她已經看到簽訂ECFA之後，即將對台灣社會帶來重大改變。

首先是「主控權」的問題。

蔡英文在辯論會上說，民進黨從來不反對與中國經濟往來，但是有四點原則要掌握：

一、要有主控權，要操之在我。二、要循序漸進，不能冒進。三、要遵照WTO的國際協定，不能離開多邊體系的保護傘。她解釋WTO的多邊主義，就是保護小國，像台灣在政治上是個小國，在WTO架構下，可以防止被邊緣化，也防止貿易被政治化。四、維持整體貿易平衡，不能過度向中國傾斜。

蔡英文很清楚，台灣跟中國最大問題，是大跟小的問題，經濟如此，民主也是如此。但是兩岸政策的特點在於「易放難收」，如果決策錯誤，要收回的可能性很小，所以在開放的過程中還必須有風險管理的考量。

任何一種選擇本來就會伴隨著成本與代價，同樣的，兩岸之間選擇從封閉走向開放，成本與代價自然也會伴隨而來，只是政治人物常選擇性地告訴民眾「有利」的一面，刻意忽略所需要付出的「代價」。

對政治人物來說，短期不僅沒有成本，開放還可以贏得進步、願意面對風險等好名聲，就算後續出現負面效應，那也可能是繼任者必須承擔的事情。

但是蔡英文認為，決策者必須考慮到開放的成本，台灣整體必須付出多大的代價也必須要計算進去，這才是負責任的做法。

所以當蔡英文看到，馬政府處理ECFA時，沒有平衡發展的策略，也沒有戰略性優先順序的思考，提前與中國簽ECFA，將產生與其他國家簽自由貿易協定的進程與時間上的落差，造成台灣更向中國傾斜，整體貿易關係更失衡。

從國安會時代就開始研究兩岸問題的蔡英文很清楚，台灣與中國簽訂ECFA，不僅是經濟問題，而會牽動整個亞洲。台灣提前走向中國，加速跟中國經貿整合，將會改變東亞戰略上的平衡。

第二是最敏感的分配問題。蔡英文舉了時任WTO秘書長拉米（Pascal Lamy）的一段話。她說：「開放貿易不是萬靈丹，不是國家經濟繁榮的保證，開放貿易的利益只有在整體政策的配合下才能真正實現，例如公共基礎建設和自由的市場。」

蔡英文也特別強調，如果貿易開放的利益集中在少數權貴與既得利益者的手上，而增加了整體社會的成本，那就會失去政治的正當性，所以政府有責任處理貿易利益帶來利益分配的問題，因為台灣與中國簽ECFA，將引發台灣有史以來最大的財富重新分配。

第三是泡沫經濟的問題。香港因為簽了CEPA之後，大批中國資金湧入香港，但是香港的資金回流，很多都拿來炒樓，造成房價高漲，人民沒錢買房子。蔡英文在辯論會上一再提醒，所謂的「鮭魚返鄉」可能會讓台灣房市股市，因為游資過多造成經濟泡沫化的危險。

甚至她在這場辯論會最後也提醒民眾，馬總統不斷告訴大家「在一定的時間內，ECFA一定要簽，且非簽不可」，這犯了談判上的大忌，因為「談判的人都知道，一開始就亮出底牌，等於把籌碼讓給對方」。

整場辯論會蔡英文幾乎是「苦口婆心」地期望馬政府應該更謹慎、循序漸進地簽訂ECFA，可惜當時蔡英文的說法，立刻被馬政府貼上「鎖國」、「逢中必反」的標籤，蔡英文的苦勸，在當時的社會氛圍下並沒有引起太大的共鳴。

當時間一天天過去，政治人物說過的話、做過的事情都要禁得起檢驗。

ECFA簽訂之後，雖然只是先實施部分貨品及服務業開放的早收計畫，涉及到更廣泛市場開放的兩岸服貿、貨貿及投資協議還需時間談判，但跨出了這關鍵一步，已完全改變了國內政經氛圍。兩岸經濟及產業合作列車迅速開動，官方和民間大大小小的產經合作會議如火如荼進行；對岸各省市的官商台灣訪問團絡繹於途。因為各種預期心理，也改變了資金流向及企業投資經營布局，兩岸經濟合作效應如熱浪般席捲台灣。

這些效應帶給工商界及很多投資人對「和平紅利」的憧憬，但沒有多久，蔡英文所憂慮的各種後遺症陸續出現，馬英九在ECFA辯論會上描繪的美景，在五年後的今天看來幾乎都是芭樂票，而且還留下很多爛攤子必須收拾。

政治上：國家主權正一點一滴流失

馬英九才上任兩年，兩岸經貿從全面三通直航及開放陸客、陸資，立刻躍進到ECFA建立自由貿易區的關係，因而大幅推進兩岸關係進程，北京對兩岸進入政治性對話及談判，顯得愈來愈急切，馬英九也開始研議簽署兩岸政治性協議的可行性，並籌畫兩岸領導人會面的時機和場合。

馬英九在二〇一三年發動對王金平的政爭，據信是為排除服貿協議在立法院的阻力，以利後續推動「馬習會」等兩岸政治性互動。

馬政府不斷凸顯北京的「讓利」，大小官員及企業商人紛紛以爭取對岸「讓利」為能事，「伸手牌」用久了，被對岸官員看低，據多位國內學者帶回訊息，連國台辦官員私下都稱台灣官商人士為「丐幫」。台灣尊嚴受損，官員在面對中國時更矮了一截，在涉及國家尊嚴主權的問題上，經常不能挺直腰桿力爭，國家主權就這樣一點一滴的不斷流失。

經濟上：GDP衰退、實質薪資倒退、貧富差距擴大

馬政府將ECFA當成經濟施政的唯一重心，相關部會皆以推動兩岸合作為最優先工作事項，忽略了面對全球經濟快速變化所應進行的結構調整及產業轉型，導致近年受到中國經濟放緩以及紅色供應鏈崛起衝擊，台灣出口連年衰退，經濟動能不斷削弱，陷入貧血式成長，今年經濟成長率甚至連保一％都有困難，創下金融海嘯以來最差，表現是亞洲四小龍之末。

至於一般受薪階級，不僅實質薪資所得倒退十六年，貧富差距更加擴大，而年輕人的失業率不斷上升，台灣的經濟沒有變好，房價還持續飆高，世代、階級之間，相對剝奪感愈來愈重。

而兩岸的「和平紅利」為紅頂商人及權貴等少數人把持，更加深貧富及階級對立。當政治及經濟的期待雙重落空，馬政府還要強渡關山強行通過服貿協議，壓抑已久的民怨一觸即發，「二〇一四年三月爆發的太陽花學運以及十一月二十九日九合一選舉國民黨慘敗，是這幾年對於馬政府過度傾中的大反撲，」中研院社會所前所長蕭新煌觀察。

在雙英ECFA辯論結辯時，雙方有以下的兩段對話：

蔡英文對馬英九說：「你為了簽ECFA，讓這個社會陷入對立與焦慮，也限縮了台灣經濟社會、政治調整的空間跟時間，使我們陷入無止境的惡性循環，在兩岸的關係中喪失了自主性。」

馬英九回答蔡英文：「我們不願意再逃避八年，世界貿易不會等我們八年的。我們在這個時候，當然了解中國大陸對我們的政治意圖，但是我們不因為這樣就害怕、就畏縮、就逃避，不會。我們對台灣有信心、對台商有信心、對台灣的民主要有信心，有了經濟活水，不入虎穴焉得虎子，我們要險中求勝。」

現在回顧這段對話，多麼諷刺！也多麼令人感慨！

蔡英文很清楚一個經濟政策一定有受益者跟受害者。全球化的改變，與台灣經濟成熟發展，一定會面臨很多社會紛擾跟分配問題。如果政府還是強調財富累積，而不看分配問題，那會是個災難。且貪圖短線的成長，而一時讓中國因素長驅直入，台灣也將會付出代價。

因為在蔡英文看來，兩岸問題並不是開放或不開放，而在於能否有效處理風險。她深知兩岸走得太快，台灣民主的成就如果守不住，前途就堪虞，只有把「方向盤」重新握回到台灣自己的手上，兩岸關係才能夠可長可久。

15 跳出「九二共識」的框架

二〇一五年三月四日，中共總書記習近平提出所謂兩岸關係的「四個堅定不移」，強調「『九二共識』是兩岸共同的政治基礎，如果受到破壞，兩岸互信將不復存在，兩岸關係就會回到動盪不安的老路」。他並說：「基礎不牢，地動山搖。」

次日，蔡英文接受媒體訪問時回應，兩岸關係不是國共關係，無論是哪一黨執政、哪一個人執政，兩岸雙方任何一方都有維持台海和平穩定的責任；她並強調，就處理兩岸關係上，希望能夠著重在實質的層次上，「名詞」或者是「標籤化」的處理，其實不是有利於兩岸關係朝有效、好的方向去處理。

四月九日，蔡英文在民進黨中國事務委員會中提出兩岸政策的立場，她強調：「處理兩岸關係的基本原則，就是『維持兩岸現狀』，也就是維繫台海和平及持續兩岸關係穩定發展的現狀；兩岸關係不應被視為國共關係，北京當局若能夠突破國共框架，未來不論台灣由哪一個政黨執政，皆能平等、友善對待，共同維護兩岸和平發展及協商交流的現狀，則兩岸關係必能『峰迴路轉，波平浪靜』。」

跳出國共框架，以「維持現狀」處理兩岸關係，顯然已成了二〇一六年總統大選蔡英文兩岸政策的主調。

回溯到二〇〇〇年政黨輪替不久，距離五二〇不過一個多月，六月二十七日剛上任的新總統陳水扁在總統府會見美國亞洲基金會的訪客時，意外說了他同意接受「一個中國各自表述」的「九二共識」。

當時擔任陸委會主委的蔡英文，看到六月二十九日的《紐約時報》大幅報導「台灣領導人同意接受九二共識」，她很好奇地問總統府：「發生什麼事情？」不久後國安會高層緊急找大家到總統府開會。

根據與會人士透露，當時陳前總統講出這句話，事前內部並沒有溝通好，在各方對「九二共識」爭議仍大的情況下，為避免後續效應持續擴大，會議最後的結論是：暫時將此議題緩下來，並由陸委會主委召開記者會對外說明。「事情其實很簡單，只是媒體過度戲劇化的結果，就變成陸委會主委推翻總統的說法。」蔡英文回憶。

陳前總統說出「接受九二共識」，接著由蔡英文出面召開「補充說明」記者會，修正陳前總統的說法，強調政府的兩岸政策並沒有改變，顯而易見，「九二共識」在台灣內部引起的爭議，打從二〇〇〇年第一次政黨輪替就已經開始。

如果細心回頭去翻閱二〇〇〇年以前的報章雜誌或是任何有關兩岸的文獻，並不存在「九二共識」這四個字。因為「九二共識」這個名詞是二〇〇〇年三月總統大選確定第一次政黨輪替後、新政府尚未就任前，由當時的陸委會主委蘇起所創造出來的新名詞，根據他的說法，目的是為兩岸在一九九二年舉行的「香港會談」結果創造模糊的空間，希望國、民、共三黨都能接受。

二〇〇五年四月，中國國民黨主席連戰和中共總書記胡錦濤在北京舉行「連胡會」，會後雙方發布新聞公報，將堅持「九二共識」列為兩黨的共同主張，這是「九二共識」第一次列入正式文件，從此，「九二共識」幾乎成為國民黨的神主牌，以及國共兩黨推動兩岸關係的「通關密語」。

一個「九二共識」，各方詮釋不同

「九二共識」到底是什麼，到網路 Google 一下，維基百科是這樣寫的：

九二共識是一個與海峽兩岸關係有關的政治術語，由中華民國行政院大陸委員會（以下簡稱「陸委會」）主委蘇起在二〇〇〇年四月二十八日創出，概括中華民國政府與中華人民共和國政府在一九九二年香港會談後對「一個中國」問題及其內涵進行討論所形成之見解及體認的名詞，希望能用於概括此前台灣提出的「一個中國，各自表述」以及中國大陸的「一個中國政策」。

中華人民共和國官方一開始並不承認存在九二共識，直到二〇〇五年，國民黨主席連戰訪問中國大陸，與當時的中共中央總書記胡錦濤會談後，中華人民共和國政府開始接受該名詞，並在公文書上使用。中華人民共和國方面認為其涵義是「海峽兩岸各自以口頭方式表述海峽兩岸均堅持一個中國原則」的共識。

這一段話，嚴格來說，並不十分嚴謹，但它凸顯了一個事實，那就是一九九二年兩岸香港會談的結果，在當時顯然雙方有不同認知與解讀，蘇起在二〇〇〇年以「九二共識」概括，雖然目的是在模糊化分歧，降低「一中」意涵，但未料卻引發十多年來台灣內部更為巨大的爭議。

在一九九二年兩岸香港會談時，擔任中華民國總統的李登輝及陸委會主委黃昆輝，皆多次嚴詞否認存在「九二共識」，李前總統甚至多次用台語「嚎哮」嚴厲反駁。

但當時擔任陸委會副主委的馬英九卻一直認為，一九九二年雙方達成了「一個中國，各自表述」的共識，也就是「九二共識」。在二〇〇八年他就任中華民國總統後，「九二共識、一中各表」就成為馬政府兩岸政策主張的核心。

儘管如此，一位熟悉兩岸事務的專家指出，馬政府上任以來，兩岸雙方對「九二共識」的爭議也一直存在，馬政府與國民黨對「九二共識」的立場，也曾經出現若干變化。這位專家提供了一些觀察，例如：

二〇一〇年八月十一日，海協會副會長李亞飛來台參加《旺報》舉行的創富論壇，他顯然經北京指示在致詞時鄭重說明「九二共識」內涵是：「一九九二年，海協會與海基會達成、各自以口頭方式表述堅持一個中國原則的共識。」嗣後，李亞飛及國台辦官員多次做出相同的發言，很明顯對岸以其定義的「各表一中」間接否定馬政府的「一中各表」。

二〇一三年六月十三日，國民黨榮譽主席吳伯雄到北京和習近平會面時表示：堅持「九二共識」與「反對台獨」是國共兩黨一致的立場，成為兩岸關係和平發展的基礎。兩岸各自的法律、體制都主張一個中國原則，都用一個中國架構來定位兩岸關係，而非國與國的關係。「九二共識」的精髓就是求同存異，擱置爭議，務實協商，共創雙贏。

二〇一三年七月二十日馬英九連任國民黨主席，習近平來電致賀，馬回覆習近平的電文中稱：「一九九二年，海峽兩岸達成『各自以口頭聲明方式表達堅持一個中國原則』的共識。」五年前重返執政後，立即在「此項九二共識基礎上」恢復兩岸和解與合作。此封電文和上述吳伯雄在「吳習會」的談話，顯示國民黨的「九二共識」似乎逐漸向北京所定義的內涵傾斜。

新任國民黨主席朱立倫對「九二共識」的說法，也引發了若干爭議。在二〇一五年五月四日北京「朱習會」場合，朱立倫說：「一九九二年在海峽交流基金會與大陸海峽兩岸關係協會很多前輩非常努力辛苦下，雙方『達成兩岸同屬一中，但內涵、定義有所不同的九二共識』，在這樣基礎下，雙方進行很多次會談，把兩岸之前對抗紛擾轉化為和解交流，形成兩岸共同交流的歷史。」

針對朱立倫「兩岸同屬一中」的詮釋，陸委會主委夏立言在立法院回應質詢時不諱言，「兩岸同屬一中」可能會引起外界猜疑，所以陸委會不會使用這樣的文字；「會被外界誤會兩岸屬於一個中華人民共和國」。被問及「兩岸同屬一中」過去是否有任何黨政高層講過，夏立言回應：「在中華民國境內，的確沒有人講過。」

過半民眾認為應有新主張取代「九二共識」

一個「九二共識」，不僅在兩岸之間有極不一樣的認知，連國民黨內部在不同時間、不同場合，經常都有不一樣的說法和詮釋，這樣的「共識」，難怪質疑的人愈來愈多。

在政治上，大多數台灣民眾很排斥所謂「一個中國」原則，因為在大多數人的經驗和認知裡，「一個中國」通常指的是對岸的中華人民共和國，不會是中華民國或台灣，但馬政府強調「九二共識」是「一中各表」，我們講我們的中華民國，對岸講他們的中華人民共和國，這樣的講法降低了民眾對「九二共識」的排斥；只要不提「一中」，很多民眾不在乎、也搞不清楚到底有沒有「九二共識」。

不過，當馬政府將「九二共識」與「和平紅利」緊密連結在一起後，很多經濟選民明顯傾向可以接受「九二共識」。

到了二〇一二年總統大選前夕，幾位重量級的台灣企業家相繼出面力挺「九二共識」，把「九二共識」與「和平紅利」的想像張力及關聯性拉到了最高點，對當時民進黨總統候選人蔡英文造成很大壓力，事後民調亦顯示出若干選票的移轉作用。很多藍營人士、甚至有部分綠營人士，將二〇一二年蔡英文之所以敗選，沒走完「最後一哩路」，歸因於拒絕接受「九二共識」，從那時候開始，「九二共識」幾乎成為蔡英文和民進黨在二〇一六年大選的罩門，似乎成為社會的另類共識。

對國、民兩黨而言，時間是最殘酷、也是最好的解答。在馬政府執政七年多之後，當初極力推銷「九二共識」時所編織的美好前景，在時間的驗證下已逐漸證明大多是空頭支票。

這七年多來，海峽兩岸對立態勢雖趨緩和，但政治層面換來的卻是國家主權逐漸流失的疑慮；馬政府的「一中各表」，對應的卻是北京對台灣愈來愈強硬的主權意識，近來一連串的片面作為包括：在台灣海峽畫設M五〇三航線；將台灣納入新版《國安法》，強調主權與統一之義務；片面實施卡式台胞證等，更凸顯「一中各表」和兩岸現實的完全脫節。

馬政府高調宣揚的「和平紅利」也快速鈍化，代之而起的是紅色供應鏈對大陸台商及台灣本地產業愈來愈強大的威脅；兩岸經貿利益分配不均，甚至遭到少數權貴把持，更成為社會對政府兩岸政策不再埋單的重要原因。二〇一四年三月太陽花學運掀起的巨浪，以及十一月九合一選舉國民黨的慘敗，在在說明「九二共識」及連結在一起的「和平紅利」美夢，在台灣逐漸失去市場，不再受到人民青睞。

根據二〇一五年七月三十日台灣指標民調公布的民調顯示，有五九．五%的民眾認為明年五二〇後的新政府應該與中共談判協商對未來兩岸關係的主張，並取代「九二共識」，只有一六．六%認為不應如此；另二三．九%未明確表態。交叉分析顯示國、民兩黨支持者，有七三．五%及六四%認為新政府應該與中共談判協商對未來兩岸關係的主張，並取代「九二共識」，且愈年輕或教育程度愈高者有此看法的比率愈高。

馬習會讓「九二共識」變成「一中共識」

二〇一五年十一月七日，馬英九總統前往新加坡和正在當地進行國是訪問的中國國家主席習近平會面，這場六十六年來兩岸領導人的首次會面，唯一重要的議題就是「九二共識」，雙方顯然試圖透過這次會面，讓被國共雙方視為兩岸和平發展政治基礎的「九二共識」，能夠進一步「鞏固」，重新站穩在台灣內部的地位。

但是，直到十一月三日近午夜要舉行馬習會的消息走漏才在媒體曝光，據透露，蔡英文當時的第一個反應是：「我們被突襲了！」在距離二〇一六年總統大選只剩七十多天的日子舉行馬習會，且到前三天馬政府才因媒體曝光急忙向社會及立法院說明，從而被質疑黑箱作業及選舉操作，也讓馬習會尚未舉行已在台灣社會引發很大爭議。

更出乎意料之外的，這場為鞏固「九二共識」的歷史性會晤，不但未能體現馬政府信誓旦旦強調的「九二共識」就是「一中各表」，反而讓「九二共識」幾乎變成了「一中共識」。

馬英九總統在馬習會開場的公開談話中，竟然將「九二共識」詮釋為：海峽兩岸在一九九二年十一月就「一個中國」原則達成的共識，簡稱「九二共識」。雖然他在閉門會議補充說明「九二共識」內容是「海峽兩岸均堅持『一個中國』原則，其涵義可以口頭聲明方式各自表達」。但是，國際上會談一向是以公開聲明為準，在閉門會議過程中的談話內容，充其量只是一種內部會議紀錄，馬英九形同已向國際社會公開承認「九二共識」就是「一個中國」原則。有人形容馬英九這樣的表現，對那些期待他為中華民國發聲的眾多國人，無疑是「大街甩耳光，小巷內道歉」。

對岸參加馬習會的國台辦主任張志軍在當天記者會轉述習近平在閉門會議室回應馬英九的談話內容，強調：「九二共識」體現了一個中國原則，明確界定兩岸關係的根本性質，大陸和台灣同屬一個中國，兩岸關係不是國與國的關係，也不是一中一台，兩岸同屬一個國家，兩岸同胞同屬一個民族。習近平的強勢回應，也等同否定了馬英九的「一中各表」。

夏立言在立法院回答質詢時說：「馬總統是第一位在大陸領導人面前說出中華民國、中華民國憲法、『九二共識、一中各表』、及兩岸隔海分治事實的人，促使陸方面對中華民國存在的事實。」陸委會也公布馬英九閉門談話的內容如次：一九九二年八月一日，我方國家統一委員會全體委員會議通過「關於一個中國的涵義」的決議。內容是「海峽兩岸均堅持『一個中國』的原則，但雙方所賦予之涵義有所不同」。兩岸在一九九二年十一月達成的「九二共識」，內容是「海峽兩岸均堅持『一個中國』原則，其涵義可以口頭聲明方式各自表達」，這就是「一中各表」的「九二共識」。我方表示內容完全不涉及「兩個中國」、「一中一台」、與「台灣獨立」，因為這是中華民國憲法所不容許的。

熟悉兩岸事務的專家特別指出，馬英九上述談話，研判是經過精心的政治設計，他在雙方會談中先講「九二共識」是來自國統會「關於一個中國的涵義」的決議，再說「九二共識」內容是「海峽兩岸均堅持『一個中國』原則，其涵義可以口頭聲明方式各自表達」，很明顯是用「統一」來包裝「一中各表」。

接下來，馬英九又說：「一中各表」的「九二共識」；我方表示內容完全不涉及「兩個中國」、「一中一台」、與「台灣獨立」，因為這是中華民國憲法所不容許的。這是閉門會唯一講到中華民國及中華民國憲法的地方，但真正目的是在強調「各表」不會涉及「兩個中國」、「一中一台」、與「台灣獨立」，和北京強調不能有「兩個中國」、「一中一台」、與「反台獨」，如出一轍。

這樣限縮的詮釋，遠遠超過國民黨政府過去對「九二共識」的表述，也是一九九二年香港會談中從未出現的表述內容，研判這是因為怕講「一中各表」會造成對岸反彈而刻意做出的修飾，但對我們的國格難免造成若干傷害。這位專家做出以上分析。

經過馬習會這一番的對話和詮釋，馬政府和國民黨如何還能夠讓各方相信「九二共識」是「一中各表」？只有「一中」、沒有「各表」的「九二共識」，又如何能鞏固在台灣愈來愈限縮的市場？

根據二〇一五年十一月十二日《台灣指標民調》公佈馬習會的民調結果顯示，對於馬總統在「馬習會」談話和表現，僅有二二・二%的受訪者認為能夠代表其意見或立場，五六・二%的受訪者認為不能代表其意見或立場，二一・七%未明確表態。

「馬習會」之後，「九二共識」的爭議勢必進一步升高，這個由蘇起創造、蔡英文所指「標籤化」的名詞，公信力愈來愈低，在未來可以扮演的角色，也很難再如藍營過去所期待。相信北京對台灣民意的趨勢，不會無感，在爭議不斷的政治標籤上繼續糾葛，絕非明智的抉擇。兩岸跳出「九二共識」框架的時候，似乎愈來愈接近了！

16 維持現狀的台灣共識

蔡英文很清楚，面對一個國力日益強大的中國，民主政治是台灣的後盾與最大憑藉，任何兩岸政策的主張，必須以民意為依歸，不是哪一個政黨、或哪一個人說了算。

從一九九五年成為國安會兩岸幕僚小組一員，一九九八年親自到北京參與辜汪會晤，二〇〇〇年之後又擔任陸委會主委長達四年，到二〇〇八年擔任民進黨主席後親身操盤兩岸事務，累積二十年的經驗，蔡英文深刻認識到兩岸政策要可長可久，就不能陷於長期的爭議和對立，因而，她自始即準備跳出國共關係的框架，希望以民主的方式，重新塑造有堅實民意基礎的兩岸政策主張。

二〇一一年蔡英文被民進黨提名為二〇一二年總統大選參選人，當年八月二十三日在「十年政綱」政策發表會上，首次提出「台灣共識」的主張，希望透過民主機制形成內部的共識，來建立跟對岸和平穩定的互動關係。

於是，蔡英文主張的「台灣共識」，正式對上馬英九主張的「九二共識」，成為二〇一二年大選的選戰主軸，雖然受限當時主客觀環境及國共聯手操作選戰的影響，蔡英文最後未能當選，但她主張的「台灣共識」，已是很多民眾能琅琅上口、可以和「九二共識」分庭抗禮的兩岸新辭彙。

二〇一六年總統大選，蔡英文再次代表民進黨披掛上陣，這次她對兩岸關係問題顯然有更充足的準備。她深切了解，民進黨重返執政在兩岸關係上必須承擔的重責大任，涵蓋了對國內、國際和兩岸三方面的責任，是一項高度敏感、複雜且艱鉅的工作。

二〇一五年一月二十一日蔡英文在召開任內首次的中國事務委員會上，表達了民進黨未來推動兩岸關係的基本態度為：「三個有利，三個堅持」，亦即：「有利於國家自由民主發展，有利於區域和平安全穩定，有利於兩岸互惠互利交往」，以及「堅持政府決策須充分民主和透明化；堅持交流過程須多元參與和機會平等；堅持交流成果須維護公益和社會共享」。

四月九日蔡英文再度召開中國事務委員會，提出了以「維持現狀」為核心的兩岸政策主張，她又分別在四月十五日被民進黨正式提名參選二〇一六年總統大選的參選演說，以及六月三日在美國華府智庫戰略暨國際研究中心（CSIS，Center for Strategic and International Studies）以「亞洲新價值」為題的演講，相繼發表對未來兩岸政策的核心思維及相關主張，建構完成她參選二〇一六年總統大選完整的兩岸關係政策主張及論述。

蔡英文兩岸政策的內涵大致可歸納成五個重點：

第一，強化民主機制，維持台灣自由民主的生活方式，確保人民的未來選擇權。

第二，以「維持現狀」做為處理兩岸事務的核心原則，而「維持現狀」就是維繫台海和平及持續兩岸關係穩定發展的現狀。

第三，在當選總統之後，將在中華民國現行憲政體制下，依循普遍民意，持續推動兩岸關係的和平穩定發展。

第四，兩岸之間應該珍惜並維護二十多年來協商和交流互動所累積的成果，將在這個堅實基礎上，持續推動兩岸關係的和平穩定發展。

第五，堅定推動完成《兩岸協議監督條例》的立法，為兩岸持續交流協商，建立周全規範；對於現在仍在進行協商或審議的兩岸協議，未來重返執政後，將依監督條例逐案檢視，繼續協商。

「維持現狀」就是蔡的台灣共識

蔡英文很清楚，下一任總統，必須要肩負「超越既有國共關係框架、建立常態化兩岸關係」的使命。因此她呼籲北京當局要能突破國共框架，未來不論台灣由哪個政黨執政，都能平等、友善對待，共同維護兩岸和平發展及協商交流的現狀。

在CSIS演講中，面對到場聆聽的華府及研究兩岸政治高層，蔡英文更強調：由人民直選產生的總統，對外代表全體台灣人民。因此，推動兩岸政策必須超越政黨的主張，並包容不同的意見。領導人在決策時，必須考量社會的共識，而台灣內部已有了廣泛的共識，就是「維持現狀」。這裡蔡英文明白點出：「維持現狀」就是她主張的「台灣共識」。

蔡英文深刻認知，兩岸關係攸關兩千三百萬人民的利益與長遠福祉，台灣普遍的民意，是希望和對岸維持和平穩定的關係，同時也能保有台灣的民主價值和未來自主性。所以，她認為推動兩岸關係最重要的基礎在於強化民主機制，維持台灣自由民主的生活方式，以確保人民的未來選擇權。未來在推動兩岸建設性的交流與對話的同時，會堅持過程須充分地民主與透明化，且利益由社會公平共享。

簡單來說，蔡英文想建構的是一個有堅實民意基礎，以「維持現狀」的「台灣共識」為核心，遵循中華民國現行憲政體制，並在二十多年兩岸協商和交流互動的基礎上，推動兩岸關係和平穩定發展的新互動架構。

蔡英文訪問美國後，國內多項民調顯示，支持或認同蔡英文「維持現狀」的兩岸關係主張的受訪民眾，比重逾六成，甚至七成以上。一向被認為立場偏藍的《聯合報》，在九月十六日公布兩岸關係趨勢調查發現，民眾對於台灣前途的看法持續朝支持「永遠維持現狀」發展，比率上升到五成五，創歷次調查新高。可以很肯定地說，維持現狀已是台灣社會的高度共識。

將蔡英文兩岸政策主張的「維持現狀」、「中華民國現行憲政體制」及「兩岸協商和交流互動的既有基礎」放在一起，做寬鬆解釋，可以涵蓋除了意識形態兩極化之外的各種不同的認知與訴求，是具有高度包容性的主張，但儘管如此，仍然有不少人士批評她是「空心」，質疑「中華民國現行憲政體制」的具體內涵，要求她對是否支持「九二共識」明確表態。

但蔡英文的回應仍是四平八穩，她在CSIS演講時回答了當時美國在台協會理事卜道維追問所謂「憲政體制」究竟為何？

她以教授身分提供定義，包括憲法的內文、增修條例、相關憲政釋文、法官判決、以及政府與人民的相關實踐，只要是跟憲法、釋憲跟運用有關，都包含在她所謂的現行憲政體制裡。

她對「九二共識」回應更是輕描淡寫，她認為過去花很多時間討論、甚至爭議九二共識問題，但不要忽略一個事實，就是當年雙方都希望兩岸關係往前推進，即便有不同的意見跟想法，都希望秉持相互諒解的精神，持續交流。

所以，她的想法就是回歸基本事實，也就是交流累積成果的一部分，至於這個事實的詮釋跟名詞的使用問題，「我們就繼續求同存異吧！」蔡英文針對「九二共識」繼續求同存異的回應，也保留了未來和對岸協商對話的空間，這也是她處理棘手問題的一貫風格。

一位熟知蔡英文兩岸政策的幕僚指出，兩岸政策具有高度政治敏感性，在關鍵之處，該說或該做的都不能逃避，但有時候要化解對立和衝突，不在於做些什麼，或說些什麼，反而是在不說什麼，也不做什麼；行事說話暢快很容易，忍住不說不做，才是「真實的勇氣」。

馬習會之後，國民黨為拉抬低迷選情，極有可能趁勢激化藍綠和統獨對立；二〇一六年總統大選之後，蔡英文一旦如預期勝出，如何化解和北京之間在「九二共識」上的分歧，更是關鍵問題。面對內外壓力與變數，這種「真實的勇氣」，才是穩定兩岸關係大局所需要的領導要件。在兩岸關係這盤棋局上，蔡英文會如何走下一步，大家正拭目以待！

17 美中台三方的「兩岸探戈」

「一個簡單的事實，就是我走進去啦！」

這是二〇一五年六月四日下午二時四十八分，蔡英文步出美國國務院大門時回應媒體的第一句話。

看似一小步，卻是蔡英文與民進黨在華府邁出的一大步，因為就在蔡英文進入國務院的前一天，她已先進白宮拜會國安會，而這是近年中華民國總統參選人赴美所受到的最高規格待遇。

蔡英文人還沒離開美國，過去對民進黨或蔡英文有疑慮的華府「中國通」、「台灣通」們已經先後採用「成功」、「良好」、「滿意」等語氣來表達對蔡英文訪問華府「大致上」的肯定，歐巴馬（Barack Obama）政府事後也定調蔡英文這一趟華府行，是一場「建設性的交換意見」。

對比四年前蔡英文訪問華府結束，前腳剛走，歐巴馬國安會高層隨即透過《金融時報》放話，表示對蔡英文是否願意並能夠維持兩岸穩定關係的質疑和不信任，四年前、四年後前後兩相對照，簡直不可同日而語。

台灣的評論大多認為掌握「天時、地利、人和」是蔡英文這次成功訪美的關鍵因素，對照之下，有很多媒體及評論在蔡英文訪美之前，強烈質疑她能否通過美國政府的「面試」，顯然前後也是兩張臉，兩樣情。

蔡英文訪美和美國政府的「面試」說法，都在在點出了美、中、台三方在兩岸問題上的交互影響。

長期以來，美國一向很支持台灣，但過去扁政府在處理兩岸問題上帶給美國諸多「麻煩」，讓歐巴馬政府對民進黨不無戒心，一直持續到這次蔡英文赴美之前，在幕僚與美方針對此次訪美的接觸、溝通過程中，美方內部多少還存在「如何保證蔡英文不是另一個阿扁」的質疑。

另一方面，中國崛起及全球影響力的擴增，也讓美中關係處於既競爭又合作的起伏狀態，北京一向視台灣問題攸關中國的核心利益，不斷試圖影響美國對台政策，因而兩岸問題往往成為華府和北京雙邊關係天平上的砝碼，美中關係的變化自然也會牽動到砝碼的擺放位置。

正因為美、中、台三邊這種複雜的關係，在蔡英文成為民進黨總統參選人並發表兩岸政策後，國內、外兩岸專家都認為，蔡英文兩岸政策能否為歐巴馬政府接受及背書，除了六月她本人訪問美國的成果是第一關之外，還須面對第二關，亦即：中國國家主席習近平九月訪美會晤歐巴馬總統，雙方就台灣問題會談的結果。

在美、中之間力求生存

台灣夾在美、中兩大國之間，只能無奈接受如此複雜的政治運作。

與美國交手，蔡英文其實一點也不陌生。早在八〇年代末期，台美貿易談判的時代，蔡英文每每出現在對美談判的談判桌上，她進退有據的表現，讓美方談判人員印象深刻，美國國務院那時候就已經注意到蔡英文這號人物。

之後，在蔡英文擔任國安會諮詢委員期間，美日台三方共同舉行的重要軍事會議，前總統李登輝多次指派蔡英文代表軍方出席。甚至到後來陳水扁時代，蔡英文擔任陸委會主委期間，阿扁突然拋出「一邊一國」以及「公投法」引起美方不滿，陳前總統也是派蔡英文赴美說明。

和美方多年互動的經驗，蔡英文深知台美關係的核心支柱是《台灣關係法》；制定已屆滿三十六週年的《台灣關係法》，是美國協助維持台海和平穩定與安全、幫助台灣民主深化的關鍵力量。要鞏固台美關係，最重要的就是要建立雙方的互信。

所以，二〇一五年四月九日在民進黨中國事務委員會提出「維持現狀」兩岸政策主張的同時，蔡英文公開承諾處理兩岸關係會避免意外，更不會挑起矛盾、衝突和對立；樂於就重返執政後將如何處理兩岸問題，與美方充分意見交換，雙方的互動會持續進行，不論是在二〇一六年大選之前或之後。民進黨也會鞏固和美國之間的互信，並讓這份互信，成為確保兩岸關係和平及穩定發展的正面因素。

她記取二〇一一年訪美的教訓，這次訪美的事前溝通工作幾乎做到滴水不漏。行前，民進黨秘書長吳釗燮跑美國的次數，核心幕僚與ＡＩＴ（美國在台協會）互動的次數已經多到數不清；在議題掌握上，也採取換位思考的態度，先充分了解美方關心的議題，並盡最大可能給予明確的解答。

另一方面，蔡英文也了解，外交工作是滴水穿石的功夫，所以，這幾年民進黨和美國政府部門、國會、智庫與民間團體等各層面上，已經建立密切的聯繫及溝通網絡；她本人也透過各種方式，親自與美方溝通，帶領民進黨一起改變，逐步扭轉美方對於民進黨多年累積的刻板印象。

台灣人民是唯一主考官

說台灣總統參選人到美國「面試」，不如說是測試雙方的互信；蔡英文對美國釋出堅定維護台海和平、堅守民主價值、承擔國際責任及建立彼此信任關係的明確訊息，再加上一套不違背兩岸政治現實、具有一定說服力的兩岸政策主張，在華府輕騎過關，也受到各方的肯定及高度評價。

但媒體「面試」的用辭，卻讓對岸不是滋味，中國駐美大使崔天凱在蔡英文抵達訪問華府前兩天對媒體公開質疑：「為什麼蔡英文有話不能對對岸的同胞說，要找外國人來面試呢？她首先要能過得了十三億中國人的考試。」

隔日蔡在台僑晚會場合強勢回應：「如果民主是一場考試，那台灣人民是我唯一的主考官，我只需要對兩千三百萬台灣人民交代我的答案。」海峽兩岸對民主政治截然不同的思維，正反映在兩人的隔空交鋒。

蔡英文成功訪美後，各界關注焦點開始轉移到習近平訪美及「歐習會」，不少媒體分析北京很可能對美國政府施壓，藉此要求蔡英文接受「九二共識」。八月中旬中國國台辦主任張志軍赴美國訪問，很明顯是為「歐習會」預先溝通兩岸問題。

一般認為，張志軍訪美，目的是為了傳達北京的關切，確保美國對華政策（堅持「一個中國」原則及恪守美中三項聯合公報精神）不致生變，同時傳遞給美方重要訊息：台灣議題是中美「最重要、最複雜、最敏感」的問題，而目前兩岸關係處在繼續和平穩定發展及「台獨」威脅的關鍵點，要求歐巴馬政府重視並將台灣議題納入「歐習會」重要議程。

二〇一五年九月二十一日美國國家安全顧問萊斯（Susan Rice）就台灣議題明確表態，強調兩岸關係維持和平穩定是美國的根本利益，「美國反對兩岸任何一方片面改變現狀」。九月二十五日歐巴馬與習近平在白宮會談後，在雙方聯合記者會中，歐巴馬表示，美國對台灣將信守基於美中三公報和《台灣關係法》的一個中國政策；習近平對兩岸問題則未置片語。

萊斯及歐巴馬先後的立場宣示，沒有任何意外，對台灣及蔡英文而言，無疑是吃了定心丸；美國對二〇一六年台灣大選保持中立的態度很明確，不致再有類似二〇一二年大選時對媒體匿名批評蔡英文的舉措。而外界研判北京可能施壓美國來影響台灣選舉，結果並未發生。

美國「重返亞洲」牽動亞太新情勢

事實上，近幾年來，亞洲及國際戰略情勢已出現很大的轉變，北京挾中國崛起之勢頭，在區域及全球舞台上，不斷挑戰美國龍頭地位；美國則揭示「亞太再平衡」政策，聯合日本、東協等亞洲盟國反制中國；美中雙方在網路駭客、人權等議題上，分歧極深，在東海、南海主權上，衝突不斷，對區域集體安全性已構成嚴厲挑戰，因而也正在改變台灣的戰略地位及可扮演的角色。

在二〇一一年的時候，美國前國務卿希拉蕊（Hillary Rodham Clinton）公開說台灣是美國重要的安全和經濟夥伴（an important security and economic partner）；二〇一五年五月二十二日美國國務院亞太副助卿董雲裳（Susan Thornton）在華府智庫布魯金斯研究所（Brookings Institution）發表演說時公開稱台灣是美國在亞太極其重要的夥伴（vital partner）。

台灣成為美國眼中愈來愈重要的角色，反映的不僅是戰略地位的提升，而且是台美關係的進一步深化，這對台灣當然是一個有利的契機。但換個角度來看，民進黨和北京當局原本就缺乏互信基礎，台美關係深化也可能招致北京更多猜疑及反制。所以，蔡英文未來面對的可能是更為複雜嚴峻的兩岸新情勢。

在二〇一五年四月九日民進黨中國事務委員會的談話中，蔡英文特別以「峰迴路轉，波平浪靜」回應「基礎不牢，地動山搖」，她是向國人及關心台灣的海內外朋友們釋出一個重要訊息，二〇一六年蔡英文若執政，她會穩穩地掌好兩岸大舵，不會掀起波濤，更不會地動山搖。

2012 年以後，蔡英文時常思索著如何能成為更適格的國家領導人，她很斬釘截鐵地告訴大家，她在準備，她很清楚知道自己要擔起什麼責任。
（照片來源：蔡英文競選辦公室提供）

Part 4 政治天才或民主領導人

18 亞洲首位專業女性政治領袖

二〇一四年十一月二十九日（九合一）選舉開票那一晚，原本在民進黨中央黨部看開票的蔡英文悄悄轉移到小英基金會，眼看勝選的縣市愈來愈多，幕僚情緒開始高亢。正在看著講稿，準備對外發表談話的蔡英文突然說：「這不是我要的內容。」

蔡英文這句話，當場讓所有的人都愣住了，幕僚看到得票愈來愈多，心情開始high起來，完全摸不清楚「老闆」在這一刻，怎麼會這樣說話。這時候蔡英文突然說：「我們民進黨做了什麼？老百姓給我們這一票是因為我們做了什麼？還是預付款？」

這就是蔡英文，永遠在眾人激情的時候保持著一顆理智、冷靜的心。不要充滿口水的口號政治，也不走亞洲政治領袖酷愛的個人崇拜、英雄領導，這是蔡英文與其他檯面上政治人物最不一樣的地方。

談判起家的專業背景，讓蔡英文比一般政治人物更加講信用、重承諾，甚至更擅長斡旋，一向「以理服人」而不喜歡「以力服人」的她，極可能成為華人圈第一位女性領導人，這位亞洲第一位以專業知識背景崛起的女性政治領袖，將在亞洲颳起一波什麼樣的女性執政風潮。

一九四九年，法國哲學家西蒙・德・波娃（Simone de Beauvoir）出版了《第二性》，尖銳大膽地剖析女人受父權宰制的現象，引起了廣泛爭論——男人是人，天生就是人；而女人只是女人，是次於男人的第二性別。

本書影響深遠，對各國的性別與女權運動起了振聾發聵之功，而波娃不知是否曾預料到，半個多世紀以後，女力崛起已經擴及權力中心的政治層面，從歐洲的德國總理梅克爾（Angela Merkel），到美國的民主黨總統參選人希拉蕊，從韓國的總統朴槿惠，到泰國前總理盈拉，全球有十九個國家的元首是女性，占聯合國的會員國十分之一。

如果考慮到二十世紀上半，多數國家才容許女性參政，而我國婦女遲至一九四七年才取得參政權，就知道此成就著實不易。女人獨當一面已經不是新聞，而是證實婦女才能和實力、兩性平權運動的果實。因為，唯有這一半的人口有尊嚴，整體人類才有尊嚴。

那麼，蔡英文在這股女人參政的潮流中，有什麼不同？在民主制度悠久的西方，德國總理梅克爾原為物理學家、美國民主黨總統參選人希拉蕊原為律師，都屬於專業領域的知識女性；亞洲或拉美的女性政治領袖，雖然才能出眾，但她們從政卻多半與家族或婚姻有關。

例如泰國前總理盈拉是前總理塔克辛的妹妹、韓國總統朴槿惠是前總統朴正熙的女兒、緬甸反對黨精神領袖翁山蘇姬是獨立領袖翁山之女，拉丁美洲阿根廷總統克莉絲汀・費南德茲（Cristina Fernández de Kirchner）是前總統內斯托之妻……。

非典型的民進黨主席

但在亞洲，蔡英文可說是第一位以專業知識背景崛起的女性政治領袖。

她畢業於倫敦政經學院，原是法學教授，之後參與國際貿易談判，擔任國安會諮詢委員、陸委會主委、民進黨不分區立委和行政院副院長。她並非出身政治家族，也沒嫁給從政人物，迥異於國民黨的女性參政者，更不同於傳承父親或丈夫香火的黨外政治女性。

桃園市副市長邱太三，在台大法律系低她一屆，回憶大學時期一九七〇年代，「基本上那時女生怎麼會想從政？那是戒嚴時期，連男生都沒人想從政！」參政這條路，不要說學弟沒想到，恐怕連蔡英文都想不到。雖然後來擔任民進黨主席，但是可以看出她和傳統黨外人士完全不同。

民進黨在白色恐怖時期起家，靠著街頭演講、示威衝撞，以小搏大，一步步走出台灣的民主路。所以老一輩民進黨人講話都很大聲，喉嚨也有點嘶啞，因為街頭運動要到處演講，久而久之便傷到喉嚨，這也反映過去創黨的艱辛。

而蔡英文是留洋博士、大學教授，講話輕聲細語，沒有抗爭起家背景，她說：「我第一次主持中常會，或許那些中常委都覺得怪怪的，第一、我是女生，第二、竟然講國語，第三、講話怎麼那麼小聲？」這也象徵民進黨的嶄新階段，從強調陽剛、草莽的江湖風格，轉為理性協調的柔性領導，這也是蔡英文的風格，以理服人，而不是比較氣勢。

中研院社會學研究所前所長蕭新煌認為，她不是一個典型的政治人物。相反的，蔡英文冷靜內斂。她其實可以當個不愁吃穿的千金大小姐，卻在民進黨最困難的時期，出來擔任黨主席。他說：「她在民進黨最困難的時候擔起一切，竟然能撐這麼多年，實在不容易！」蕭新煌認為，這要歸功於她的「同理心」和「責任感」。

蔡英文曾自述，二〇〇八年總統大選民進黨慘敗後，看到同志、民眾哭成一團，覺得非常震撼，也讓她重新思考：「民進黨能為轉型中的台灣做什麼？這個經歷信任危機的政黨，能否將人民帶向期待中的未來？」當時國民黨的馬英九囊括了五八．四％選票，民進黨只獲得四一．六％；立委選舉更慘，一百一十三個席次中，民進黨只取得二十七席（二三．九％），而以國民黨為主的泛藍陣營，則取得八十一席（七一．七％），綠營幾乎是滿盤皆墨。

柔性領導改造民進黨

當時有人勸進她選黨主席，卻也有更多人強烈反對。尤其，除了林立的山頭派系，民進黨還有很大的財務窟窿，大家認為她一定會死得很慘、毀掉多年資歷和清譽，蔡英文陷入天人交戰、進退維谷。

她的選擇，後來大家都知道了，她成為民進黨創黨以來首位女性黨主席（得票率五七．一四％）。

然而，為什麼要做這麼吃力不討好的事？她的小學同學、後來也在陸委會擔任同事的詹志宏表示：「那時蔡英文看到台灣的政黨政治，瀕臨一個危險、崩盤的局面，我滿感動的，因為老百姓都不相信了，多數人不信任國民黨、也不信任民進黨，這對台灣民主是一個很大的威脅。她不是說『我要選總統』，態度跟別人不同。」

這讓人想起德國總理梅克爾，她三度出任德國總理、號稱「一肩扛起整個歐洲」、被《富比世（*Forbes*）》雜誌多次票選為「全球最有權力女性」第一名。

梅克爾來自東德，深諳「沉默是金」的道理，不在大眾前面掉淚、不是天才演說家、也不過分討好群眾，言行甚至有些古板。她執政多年，面臨次貸、歐債、俄羅斯崩盤、地中海難民潮等國際金融政治危機，但是強烈的使命感和責任感，讓她挺過嚴峻的挑戰，這幾乎是領袖、尤其是政治領袖不可或缺的素質，如此才能服眾得人，並成為民眾最信任的領導人。

而擔任領導者，不是只靠熱情熱心、或是使命感就辦得到，沒有能力，一切免談！

蔡英文接任黨主席時，黨內離心離德、山頭林立、士氣低迷。許多人並不看好，覺得她是女性、態度又溫和，強硬的大老覺得她「軟弱」，看到她常常就是一場訓，幸好有黨內大老王拓願意跳下來擔任秘書長，協助蔡英文度過第一關。然而這樣被視為「軟軟的」領導人，卻想到用小額募款的方式，率先解決了民進黨的財務危機。

蔡英文說：「我五十歲以前，根本不愁錢；五十歲以後，竟然天天跑三點半，每天在算錢！」那時民進黨的窘態如此。但是台灣需要反對黨，社會集體的意志，是不讓民進黨垮下去。

她發現：「只要有人願意出來承擔，社會會跟著你，一起把它接起來。所以我有點……不信邪！如果連我都想救這個黨，難道社會不想？當時人家問：『負債怎麼辦？』我說，只要我們擦亮招牌，就會有很多人來幫我們！」

她說得沒錯，這樣的信心帶領同志，更在後來引導黨，打贏一場又一場勝仗。包含二〇一四年底「九合一大選」，泛綠陣營縣市長（含民進黨、台北市柯文哲和新竹縣鄭永金）獲得五五％的選票，狂勝藍營。選舉是現實的，講求戰功；對政黨來說，沒有實績和位置，什麼都是空談。

19 她的使命——為握過的每雙手努力下去

在民進黨內沒有派系奧援的蔡英文，怎麼做到安內攘外？

或許歸功先天的性情和後天的養成。比起一般人，她就是多了協調和機敏，她的背景跟思考事情的方式跟民進黨不太一樣。

從小生活在大家庭，她對人情世故多了熟稔，對察言觀色也更會心。認識蔡英文的人都能感受到，她待人處世絕不硬碰硬，重視協調和協商，層次上有進有退；但不會對撞、衝突，「因為她這種性格特質，所以在民進黨能和各方保持良好、至少穩定的關係，否則早就鬧翻了。」一位前政務官這樣說。

蔡英文曾說，她不了解黨內派系，也沒有自己的子弟兵，這反而成為優勢，讓她用人可以不拘背景。過去長期的國際談判資歷，從GATT、WTO到兩岸事務，讓她熟悉平衡各方勢力，也不會得罪既得利益，在多方都可接受的條件下，獲取己方最大成果。

在擔任陸委會主委期間、立法院藍營占多數的狀況下，蔡英文都能主導《兩岸關係條例》大幅翻修，陸委會前副主委傅棟成認為：「那不是靠技巧，我覺得那是性格，這跟她過去的談判養成很有關係，靠的是耐心、毅力，以及使命感。她的個性可以在複雜的環境，找到一個生存方式、貫徹她的理念，慢慢變成她在主導這件事。」

傅棟成早年在經貿談判時期就與蔡英文共事，將近三十年的觀察，他說蔡英文進入政治領域以後，應對進退已有明顯調整，但是初心沒有變、個性也沒什麼變。一旦立法或談判面臨困境，她不像有些人會擱置空等，而是很有耐心一直溝通、不斷嘗試、多方接觸合作對象；不會暗渡陳倉、或是陰謀詭計、激烈對撞，而是一直嘗試說服。

二〇一四年四月，蔡英文到底要不要參選民進黨主席，幕僚間有很多的爭辯，她也是讓不同意見的幕僚們充分發言，內部先充分討論，聆聽大家的意見，最後才自己做決定。而這就是蔡英文的行事風格，也讓她在民進黨內複雜的政治生態，走出一條自己的路。

和其他政治領袖最大不同：包容力強

從大學教授、國安會諮詢委員、陸委會主委、立法委員到行政院副院長，詹志宏認為她學習能力很強。

他說：「這些職位對她來講都是新的，她學得很快。她之前不太跟人接觸，為了達成工作、希望案子通過，願意去改變、學習，意志力真的滿強的。」

傅棟成也表示，那是一種內斂的「霸氣」，同樣是處理談判事務，他發現蔡英文隨著政治閱歷，不像別人傾向「不作為」，反而是「她覺得要去做的時候，管它可為不可為，就是要去克服，變得主導性愈來愈強。」這種「不到最後關頭、絕不放棄堅持」，讓過往老友也大呼意外，因為這正是隱藏在性格底層、賽跑到最後一哩，才會顯現的「終極王牌」。

那麼，蔡英文的領導力，和其他領袖究竟有何不同？歷任多朝、並在陳水扁總統時期擔任經濟部長的何美玥，提供了有趣的觀點。她認為李登輝、陳水扁和蔡英文三人差異很大、完全不一樣，李登輝總統博覽群書、深思熟慮。陳水扁是草莽性情，但有群眾魅力。而蔡英文呢？

何美玥表示：「她的好處是包容力很強，可以食客三千、也懂得用人。」蔡英文擔任行政院副院長期間，嘗試解決很多問題，例如解決二次金改衍生的問題、發展生技產業、在行政院成立生技小組，廣納李遠哲、翁啟惠、張念慈、何大一等專業人士等。

何美玥說：「雖然蔡英文不懂生技，但是她會很細心地聆聽這些專家意見，她會扮演一個角色，讓對方認為你對她講是有用的，因為她懂你的價值。不只是生技，她也處理了農業金融問題，她敢去碰觸這種比較爭議、棘手的問題。但她不是一刀殺過去，也不會放話，而是把這些人找來，慢慢談、慢慢磨，磨出一個方向再去做。」

政治需要磨練，領導人有其養成過程，蔡英文自己也說：「政治沒有天才。」所謂「天縱英明」，其實只是神話；真正的領導人，要經過許多淬鍊和考驗。邱太三觀察從以前到現在，蔡英文變得更厲害，也可以說成熟很多。例如，過去她只會用「對錯」、像SOP的標準步驟處理事情；現在卻會用比較圓融的法子，努力找到「對的人」、「對的方式」，結果也更順利。

菜市場人生累積政治能量

而蔡英文的想法呢？回顧一路走來，或許所謂的「菜市場人生」，對她才是最大的挑戰；相對於她前半生的安穩、安定、菁英，接觸廣大群眾，直接與他們溝通，她自己也經歷了震撼教育。

最早可以追溯到二〇〇二年陸委會主委任內，她首度幫民進黨台北市長候選人李應元站台助選。蔡英文回憶說：「我一上台完全不知道要說什麼，只說了一句『我喜歡李應元』，結果這句話讓媒體播了一整天。」到了二〇〇四年，她名列不分區立委，必須正式以民進黨員身分參與助選，那是這段生涯的正式起點。

剛開始，她上台生澀、木訥，對民眾的發問，總好像不在點上，這情形難免挫折。蔡英文自陳：「底下黑壓壓的一片人，不知道要講什麼，那是我最痛苦的時候。」當政治環境愈來愈艱困，她沒有太多選擇，這是一條不歸路。做為一個政治人物、尤其是領導人，她一步步深入選舉，到了二〇一〇年，她選新北市長的時候，達到了最高峰。

她去掃了一百個菜市場，新北市的菜市場範圍廣大，進去就像迷宮，幾個小時才能走出來，全身上下都是汗。雖然那場選舉輸了，但是耕耘總有收穫，掃過一百場後，她說：「那個對人的互動、body language（肢體語言）就浮現了，對人的感覺更深刻，那一百場真的很重要。」她可以更清楚感受到熱情或冷漠，過去不好意思主動握人，現在不管三七二十一，就是手伸出去、盡力去握每雙能握的手。

她印象最深的也是市場，「有人好興奮好興奮，甚至有個很壯的女生，就很高興把我抱起來。」這對從小多禮拘謹，與家人很少肢體接觸的她，確實是最真切的感觸。

她說：「選舉讓我有機會去很多平常不會去的地方，經歷許多不在我日常生活中的人事物，身體也許疲累，卻讓我真正看到了台灣。」民眾的熱情，讓她體悟到，走入台灣角落、握過每一雙手，才能產生實際的政治能量。

過去她從事經貿談判、擔任國安會諮詢委員甚至陸委會主委，都屬於專業性質，她自認那個時期，自己有專業能力但是卻缺乏政治能量。二〇〇八年以後，她有機會走出專業領域，深入市場、農村、社區、小工廠、中小企業接觸到各行各業，看到一張張真誠的面孔，她更加深刻體會，政府的每個政策是如何影響到一般普羅大眾。

她說：「握過的每一雙手，都讓我心裡對他們有著特別的感情，未來做決策的時候，就會特別替他們多想一次，想這些事情對他們的影響是什麼？」這樣的感受，不是專業領域的SOP，而是來自人與人之間真實的「溫度」與「熱度」，這正是蔡英文政治能量的來源。

她說：「台灣可以沒有蔡英文，但是，台灣如果沒有這些人，台灣就是空的。」不只是民眾、朝野和公民團體，她主張「全面溝通」，馬政府的「重視宣導，輕忽溝通；只有one way，沒有two way」，她引以為戒，因為政治不是搖旗吶喊、不是取悅群眾，必須傾聽人民，拿出解決辦法，才是「真熱情」。

踏入政治愈來愈深，她曾經也想自由，想要無拘無束、單純當個反對分子，開口批評或是寫文章針砭時事就好；但是後來想想，她期許自己能夠「解決問題」，而不只是大鳴大放。

她說：「總是要有人點出問題、有人解決問題；或許前者更易享有清譽，後者反而容易招致批評，每個人的任務不一樣，」但她做了這個決定。

她說：「我的人生很多機遇，是很多人沒碰到、而且可能不再出現的；我累積了這麼多（經驗），不能自己留在家裡用，如果社會需要，就要把它拿出來。」

政治人物百百種，很多時候面臨危機，或許說個謊就可以輕鬆過關，但她堅信：他們都要面對一種挑戰，那就是「誠信」，唯有誠信才能博取公眾信任。所以她講話謹慎小心，就是希望說到做到，而不是一般認為「政治人物只會開空頭支票」，那會造成整個社會的信任危機，這是她多年談判的心得累積。

過去媒體封她是「小龍女」，她則笑稱好像在「修道院」──「每天我都認知我的責任，就是要一直做、一直做。」修道院的比喻，也強調了她的「領導人就是要很堅定，堅定的基礎在妳有信仰；妳的信仰基礎，來自對專業的正確判斷、對人的感情、對人性的掌握、要跟群眾溝通。領導人必須要一再反問：是不是就是這條路？確定了然後大家一起走」。

她深信，「如果我們堅持民主、勇敢向前走，總有一天，我們一定會成功！」雖然儼然巨星，但她仍強調：「大家不應該把我當偶像崇拜；希望大家在關注我之餘，可以好好了解我們提出的政策以及背後的理念，可以去思考，去比較。」這就是蔡英文，一個沒有政治背景、曾經喜歡自由自在生活，卻因為人生的轉折，在不懈的努力和不斷的政治磨練中，一步步被推上政治舞台中央的女性領袖。

20 她的決策——深思熟慮或空心蔡？

蔡英文曾經說過，她的學習習慣是，一定等自己充分理解後，這項新知識才會進入她的系統。每當發生什麼事件或得處理什麼狀況時，她很自然就會連結到大腦的資料庫，去搜尋可供參考的相關資料、檔案，或者是要再建立一個新的檔案。

對於政策，她也是抱持同樣的態度。

剛開始參與選舉時，很多人對蔡英文說，政策不重要，但是她就不信邪，因為對她來說，政策的開始、形成過程跟結果是同樣重要的。現在她的幕僚們都知道，所有的政策要端得出檯面，一定要過三關，第一關「要說服蔡英文」、第二關「要做得到」、第三關「要能夠禁得起社會大眾的檢驗」。

過去在陸委會主委及行政院副院長任內，蔡英文「嚴謹、思考縝密、解說詳盡」的作風，幕僚們早有耳聞。

「開會時，她不多話，靜靜聽著大家報告，一聽出有錯會立刻糾正。」一位陸委會幕僚回憶。許多幕僚對於有事要向蔡英文報告，心理壓力都頗大，因為蔡英文「連珠炮」式的發問，常常問得部屬「皮皮剉」，為此，幕僚要不事前多看資料，要不抱著一大堆資料上場「應戰」。

「想要得到她的支持必須用道理說服她，但是光要說服她，就已經很不容易。」前經建會副主委、現任蔡英文競選政策辦公室執行長張景森有點哀怨的說。

推行民主政治之後，每一屆執政黨都有著打動人心，讓人心懷憧憬的誘人口號，但是到頭來民眾卻發現，這些真的都只是口號而已。這其中又以馬總統在二〇〇八年競選期間提出的六三三（經濟成長率六%、國民所得三萬美元、失業率降至三%）最具代表性。

幾次的選舉下來，民眾早就看穿政治人物「說一套、做一套」的戲碼，有的民眾甚至會說「候選人推出的政策白皮書，不就是抄一抄，寫一寫的選舉文宣？」「這個國家搞政治的，到底有沒有一個人能說話算數呢？」

如果真的是這樣，為什麼蔡英文對於提出的政策還要這麼謹慎？因為對她而言，這種對於政策精準度的掌握來自於決策前的充分準備階段，就跟她的學習過程一樣，如果沒有充分理解，她不會貿然下決定，所有策略以及政策的進度，來自於她對於事情的掌握程度有多少。

但是蔡英文這種做事情不躁進，要求有十足把握才出手的行事作風，也可能造成過於保守和謹小慎微，部分黨內人士說她「只打界內安全球」，反對黨以及外界甚至批評她「魄力不足」，但是「不躁進的行事作風」卻是她在陸委會主委期間，能夠成功穩住紛爭不斷、詭譎多變的兩岸情勢，一個很重要的關鍵。

蔡英文制定決策的整體過程是這樣的，在初期階段，她會盡量吸收大量的資料跟實例、高度客觀的專業知識，然後進入集體討論跟衝突階段，最後根據所有資料確定政策。

她從過去從事兩岸事務的決策經驗中，了解到很多專業決策或是政治決策，經常是在諸多不可掌握的變數裡面做決定，往往面臨五一％和四九％間的拉扯跟抉擇，一旦權重放錯，接下來可能步步錯，所以一個政策必須要看得夠深遠。

想「後面五手」的做事方法

蔡英文做事方法就像下圍棋。她認為，任何事情不能只考慮第一手，而要想五手，想後面好幾手。因為想得夠遠、夠深，所以許多在第一階段思考時認為理所當然的政策，一旦進入第二、第三層思考時，就會發現並不一定如此。身邊的親友認為蔡英文做事謹慎的態度就像她的父親蔡潔生，蔡英文則說：「對問題抽絲剝繭、思考完整，問題就不難解決。」

所以一開始在蒐集資料階段，她會大量閱讀，請專家進行報告、討論，然後將資料在記憶中一一歸檔。「她像海綿一樣，一直吸收一直吸收，學習、融會貫通的速度比其他人都還要快。」與蔡英文共事多年的詹志宏說。

「很多政治人物聽到政策就坐不住，但她可以耐著性子，開一場又一場沒完沒了的政策會，而且是非常專注地聆聽，甚至還不時地拋出問題。」前財政部長、現任民進黨智庫新境界基金會執行長林全補充。

陸委會前副主委林中斌就曾經說，蔡英文具備了以對手的角度設身處地去看待問題的能力，透過對手的觀點來看待雙方面對的共同問題。

另外，蔡英文能夠迅速掌握不同事件彼此之間的脈絡及關聯性，然後再從自己的記憶檔案中整理出頭緒，找到相對應的解決方法，她在這方面的能力得天獨厚，連幕僚都嘖嘖稱奇。

例如：這幾年她到台灣各地走了好幾圈，親自到第一線了解各行各業目前所面臨的難題，這些產業問題就會連結到她在WTO談判、甚至是行政院副院長任內，她所負責財經部會以及經續會召開時所建立的資料庫，搜尋出可供參考的相關資料。

當這些問題在她腦子裡轉了一圈出來，她知道現在的台灣社會，就是一個必須要從以前風險低、算成本、算毛利的時代，走上高風險、高價值的經濟形態，因為「算成本」的那條路已經被其他國家占走，台灣沒辦法走回那一條熟悉的老路，而高風險、高價值是必須一次一次嘗試才有成功的機會，於是她提出了「新經濟政策」。

蔡英文剛接民進黨主席的位置之後，並沒有一絲的喜悅感，有一段時間，她常常把自己關在辦公室裡，思索著民進黨的未來。

在她眼裡，當時的民進黨除了沒錢，最重要的是失去了民心，但是要贏回民心，需要一點一滴的累積，這些都不可能在一朝一夕產生本質上的變化，這也意味著，想要贏回民心，重新取得民眾的信任，蔡英文就必須有「持久戰」的準備。

蔡英文知道，民進黨八年執政歷經的風風雨雨，在於人才及執政經驗不足，現在雖然在野，但曾經執政八年，民進黨現在已經是有執政經驗的在野黨。

要贏回民眾的信心，就必須讓民眾願意相信，民進黨不是個僅有意識形態之爭的政黨，也不是僅會在街頭抗爭的政黨，它歷經八年執政、八年在野，經過深刻反省，它現在已經是個有政策論述以及執政能力的政黨。

所以當來訪的外賓一再詢問，民眾如何願意再次給民進黨機會？什麼能夠代表民進黨現在及未來的政策主張？這一再被提醒，像是觸動了蔡英文的使命感機制，她決定親自帶頭領軍「研究團隊」，耗費了兩年的時間，在二〇一一年完成五萬五千多字的「十年政綱」。

當時有媒體評論說，蔡英文這種幾近「愚公移山」的行徑，算是創了政治人物的紀錄。「很多我們以為講不清楚的事情，還是有機會講清楚。」這就是蔡英文式的意志力堅持。

二〇一二年敗選之後，蔡英文辭去黨主席，更下定決心為二〇一六年做準備，她成立小英基金會，組成政策顧問團隊，定期就重大政策進行研討，持續累積能量。

蔡英文深切了解，政策要讓人民有感，不能只是菁英們關起門來討論，所以，她敞開心胸，走入民間，貼近基層，到台灣各個角落，重新感受台灣社會的生命力，了解當前社會面臨的種種問題，把實際問題帶回到會議桌上，讓政策的形成和社會脈動能夠相互契合，轉化為推動台灣改變和進步的政治能量。

她也為自己能成為更適格的國家領導人做準備，從小英基金會籌備成立開始，蔡英文就請專家就國內、國際及兩岸重大問題及發展趨勢，進行動態掌握及分析，每星期定時聽取報告並指示後續處理或研究方向。

蔡英文對馬英九執政失敗引為鑑戒，也不時問自己，如果她成為總統，要如何治理國家？會將台灣帶到哪裡？「每隔一段時間，蔡英文就會閉門在家思考國家未來走向及重大問題的解決之道。」經常被她諮詢並協助處理相關問題的傅棟成說。

披荊斬棘一路走來，蔡英文並不清楚民眾會不會再次選擇相信民進黨，「但是我們必須做好準備，讓自己成為一個選項。」蔡英文堅定地說。

二〇一四年五月蔡英文再度接任黨主席後，他請原本是小英基金會執行長的前財政部長林全擔任民進黨智庫執行長，擴大政策研究團隊，分國安、經濟、社會、法政、建設等五大政策群，下面有三十二個政策小組，每一個政策小組都有一個曾經擔任過政務官或者是資深學者專家，擔任召集人，有點類似影子內閣，目前政策工作團隊幕僚群已經從當初的二百人擴充到超過六百人。

至今每週五小英基金會召開的政策會議，在智庫延續並擴大參與下，討論的都是當前重大、且民眾關切社會的公共議題，比如食安、財政、健保、年金、ＰＭ二・五空氣污染、社會住宅、防災，甚至伊波拉病毒等議題都有。這四年來，每到星期五下午，蔡英文一定盡可能排開行程親自參與，很多時候是林全主持，蔡英文旁聽，遇到疑問，她也會打破砂鍋問到底。

在這個階段，蔡英文常常會有不同意見，偶爾也會丟出問題測試一下大家的想法，有一次討論政府稅收財政的問題，蔡英文甚至突然拋出：「如果政府的歲出減二〇％，活不活得下來？」讓幕僚們激烈辯論。

大家面對面的討論問題，好處是專家或是立場不同的雙方都可以提出自己的看法來反駁蔡英文，「之前我們才為了希臘為什麼會變成今天這樣子，大家辯論得面紅耳赤，不清楚狀況的人可能會以為我們是在吵架。」林全說。

「她對重大問題不急著開處方，而是先了解問題的本質，透過充分討論和反覆的辯論，在不同意見和立場上，建構大家可以接受的基礎，凝聚可以解決問題的共識。」一位幕僚如此分析蔡英文的決策風格。

反覆辯證的決策過程

回到蔡英文制定政策的ＳＯＰ：一開始要先蒐集資料，讓自己擁有最大程度的把握，也就是「政策要先能夠說服她、且做得到」，以做為制定政策的穩固立基點；然後再延伸到民眾和這個政策會涉及到的族群，也就是「要能夠禁得起社會大眾的檢驗」。

德國總理梅克爾以「猶豫搖擺」樹立其不同於其他政治領袖的獨特執政風格，梅克爾「只有承受過決策過程痛苦，才會是最後信守約定的人」的一席話，更凸顯願意耐心傾聽、磨出最適當方法解決問題的女性領導特質。

蔡英文看似「模糊」卻緊扣「說到做到」的決策風格，某種程度與梅克爾「做不到絕不說出口」的執政作風有幾分相似。

蔡英文深信，在民眾的眼睛裡，政府如果回收或是大幅更改剛剛公布或剛決議通過的法案，這種政府「出爾反爾」、「思慮不周」，強調改革最後卻改革失敗，所造成民眾對政府信任度的殺傷力，遠遠超過保留後果堪虞的法案。

例如，馬政府在二〇一二年總統大選之後，在沒有與社會充分溝通的情況下，就舉起「公平正義」的大旗力推證所稅，結果行政院版的證所稅方案一送到立法院就被改得面目全非，甚至連自己的黨籍立委都不支持，最後陣亡了一位財政部長劉憶如。新上任的財政部長張盛和持續被證所稅困擾，甚至到現在藍營立委還一再提出證所稅修正案，企圖廢了證所稅。證所稅改革失敗，不僅讓馬政府威信盡失，對於國內資本市場更造成嚴重的傷害。

從初始階段的收集資料，到最後的決策階段中間，就是蔡英文與幕僚群們反覆討論、辯證的階段，即所謂的「模糊階段」。這一個過程通常很漫長，有時候已經達成的共識，下一回開會時，蔡英文會想起哪邊還有疑問，她會抽絲剝繭地全部又檢查一遍，若有問題解答不了，整個案子就必須又重來，因而讓政策出爐的時間又往後延。

蔡英文透過不斷的辯證、釐清問題，希望可以找出最妥善的辦法，但是她這種幾近「龜毛」的政策產生模式，導致很多的事情她不想太早表態，或表態得太清楚，以保持政策的可行性，通常這也會導致反對黨甚至外界對她的攻訐，批評她沒有引領方向的能力、懦弱、容易妥協、從不冒險、缺乏領導力……。

從蔡英文擔任民進黨主席以來，這些外界的批評聲浪從來沒有中斷過，甚至因此將她貼上「空心蔡」的標籤。

她也了解為保留解決問題空間的「模糊」、「不想太早表態」等，會讓她受到外界嚴厲的撻伐。但她相信為政之道重在實踐，能做到比說更為重要，因此她如律師一樣為自己辯護：「在我的努力範圍，可以做得到，或是我現在判斷是可以做得到的，我才會說，如果知道沒辦法做到，就絕對不會說出口。」她在媒體前說過好幾次類似的話。

過去蔡英文從事談判工作，由於談判首重誠信，早年談判經驗養成她對於用字遣詞、講什麼話，都會特別小心。因為重承諾，擔心說出去的話會做不到，謹言慎行成為蔡英文的正字標記：「我每次講話很謹慎小心，是因為我並不想草率做決定，你們說我『空心蔡』，其實我只是要說到做到。」

21 她的風格——不口出惡言，只為贏回信任

美國民主黨總統參選人希拉蕊曾說「女性在政治上必然遇到雙重標準，包括衣著、體型還有髮型，妳不能讓這些干擾妳，帶著笑容往前進就對了。」

蔡英文很幸運，雖然出身富裕家庭，但是裝扮卻很樸素，從政至今，還沒有被衣服、包包、髮型給干擾過。

早年陸委會時期，蔡英文經常是一件稍嫌寬大的西裝外套，偶爾也會穿穿裙子，但是擔任民進黨主席以來，常常需要上山下海全台灣走透透，因此穿著更簡單，改以俐落的褲裝為主，喜歡黑色與白色，最亮眼就是冬天那件螢光綠外套，她的髮型也是數十年如一日的招牌「清湯掛麵」，她從來不會被衣服、髮型困擾。

曾經有朋友建議她，身為公眾人物，衣著髮型上是不是可以多一點變化，在鏡頭前可能會更容易博得民眾的好感，蔡英文聽聽之後還是決定要做自己。她的穿衣哲學與低調的個性相符，內心想要展現的其實是：「請注意我的專業，別太關注我的衣著跟性別。」

蔡英文的做自己，不只展現在衣著髮型，對於她不太熟悉的選舉，更是十分堅

持「做自己」，而不是「演別人」。

打不回手？堅持不負面選舉

選舉就是要選贏，這是政治學的ＡＢＣ，蔡英文自己也經常公開這樣說。熟悉選戰策略的謀士都說，要打贏選戰，方法不外乎有二，一種是鼓動熱情、讓人感動，另一種則是訴諸仇恨、激發恐懼。

這些搏感情或是製造對立的方法，蔡英文不是不知道，但是從二〇一〇年她親身參加第一場選舉——新北市市長選戰開始，她就想要有別於傳統的方式，用自己的「小英戰法」打一場不一樣的選戰。

只是，不管理想有多高，選舉它是一種零和遊戲，沒選上就什麼都沒有。為了要勝選，選戰中常常會有「奧步」出現，為了取得本身的優勢或是自保，過去傳統的選戰打法，如果對手陣營拋出Ａ攻勢，被攻擊一方通常也會回以更凌厲的Ｂ攻勢予以反擊，這是選戰的常態。但是二〇一二年總統大選爆發的宇昌案，卻違反了一般民眾所了解的選舉常識。

當時競爭對手在選戰最後階段，運用國家機器、龐大資源及媒體優勢，抹黑攻勢鋪天蓋地而來時，蔡英文團隊中有不少人建議她要以戰止戰，用所有可能的手段猛烈反擊，但她始終堅持做為國家政治領袖應有的底線，絕不和對手一樣為勝選而不擇手段。宇昌案在選後由特偵組歷經八個月偵辦，仔細調查所有的抹黑指控及牽涉到的每一項細節，皆查無不法，全案簽結，司法還了蔡英文清白。之後蔡英文向涉嫌抹黑的劉憶如等四人訴請各五百萬元民事賠償，經台北地院審理後，二〇一五年十月二十七日，就劉憶如部分判賠二百萬元。雖然劉仍可上訴，但司法算是還了蔡英文一個公道。只是選舉早已經塵埃落定，儘管如此，蔡英文在接受訪問時卻說：「我很堅持一件事，那就是即使最後選舉輸了，我也不想用負面選舉。」

曾經受抹黑吃過大虧，蔡英文仍不改冷靜、理性面對攻擊的態度。過去這一、兩年，大從太陽花學運及反課綱運動期間她的一舉一動，小至她下鄉到蚵田穿的一雙五十元雨鞋的生活細節，敵對陣營對她的抹黑及人身攻擊，從未間斷，但蔡英文皆採取不激化衝突、「以柔克剛」的低調方式處理，從來沒有看過她有任何情緒性反應或刺激性的語言；很多支持者看不太懂，但對她有長期認識的幕僚及朋友們都很了解，「她認為選舉就是不要做成那樣，這是一個政治人物對於自己信念的堅持。」其中一位幕僚說。

二〇〇〇年躍上政治舞台，擔任陸委會主委的她，在立院素以「言詞犀利」著稱，當年在立法院接受備詢，反問藍營立委馮定國「中華民國哪一年成立？」、「中華民國憲法哪一年頒布實施？」問得馮定國氣結的一席對話，到現在都還在網路上廣為流傳。那時候在立法院備詢，從她嘴裡說出去的話，有時就像一把銳利的劍，不僅立委諸公們難以招架，甚至連她的父親都很擔心，再三提醒她「要給別人留餘地」。

但是到了今天，政治梯階愈爬愈高的蔡英文卻給人一種「講話不夠銳利」、「不直截了當」、甚至在回應批評時有「溫吞」的感覺；很多支持者擔心她不像競爭對手的口才辯給、言詞犀利，政策辯論時可能會吃虧。

其實蔡英文心裡很清楚，自己如果真要辯論，她還是跟從前一樣的犀利，只是當政治歷練到達一個程度，她終於了解到父親當年那句話的用意：政治處理的是人與人之間的事情，並不是每件事情都要去駁倒對方，那才叫贏，有時候不講，是給對方留餘地。「因為政治有時是語言、動作或者是沒有語言、沒有動作，你就讓一件事情發生了、或讓一件事情解決了。」蔡英文說。

堅持不負面選舉，不相互攻訐，踏上充滿算計的政治路，她不諱言一路走來真的很辛苦，「有時候回家之後自己還要做心理調適」。這麼多年來，就算當下再怎麼生氣，她也會忍下來，收起情緒，不隨便發言，只因為她對自己還有更高的期許。

蔡英文在擔任陸委會主委時，國民黨籍立委很喜歡找她來備詢，立委好幾次說她回答總是「實問虛答」，看著立委無厘頭的問話方式，蔡英文好幾次很想回話：「我是實問實答、虛問虛答。」反將立委一軍，但是為了避免進一步的爭執，她硬是把到嘴邊的話給吞回去，因為她心裡很清楚「逞口舌之快解決不了問題」。

儘管想大鳴大放，仍堅持做解決問題的人

在言語上高度自律的蔡英文，內心其實很想「大鳴大放」。她回憶在陸委會任內，某個場合裡碰到幾位教授，其中有位女教授，穿著很自由派，講話非常的outspoken，一剎那間蔡英文突然很想變成那位「暢所欲言」的女教授。「她講話好自由，要講什麼都可以講，想起我自己很多話不能說，我覺得好羨慕她。」蔡英文說。

蔡英文不是不想當自由人，她其實是很想「暢所欲言」，有時候她看到名嘴們高談闊論，看到從事社會運動的人帶領群眾熱血沸騰地喊話，她也很想感受那種上街頭「有話就說」的爽快，但是她很快就知道自己要扮演的並不是這樣的角色。

蔡英文很清楚，這個社會是多元的，自然有人主張一些事情，有人會把問題點出來，但總得有人解決問題。她雖然很想去做「點出問題」的那一種人，但是她知道自己的責任是要解決問題。

這幾年蔡英文清楚意識到台灣社會上存在一種危機，那就是政治人物言語上相互攻擊，行為上卻是「說一套做一套」，導致民眾普遍不相信政治人物，她想要努力喚回民眾的信任，做個不一樣的政治人物，雖然她知道這件事相當的不容易。

蔡英文把「解決問題」的責任攬在身上，所以她不會漠視民眾的想法，她很清楚，我們現在所處的社會最不缺的就是衝突，「要衝突也可以，但是我知道衝突

沒辦法解決事情。」蔡英文心裡想的是解決問題，而不是繼續為社會製造更多的衝突。

她也知道，大多數台灣民眾對於政黨紛爭、政治口水戰非常反感，因此她最後為自己做出結論是：「民眾不喜歡看政治人物口水滿天飛、用口號來治國，他們期待的是看到問題能夠被解決。」

22 她心中的主旋律——民主

很多人都想問、也都想知道，蔡英文如果成為第一位女性總統，她和現任馬英九總統會有何不同？她會將台灣帶往哪裡？要解答這個問題，或許還需要很長的時間，但若認真觀察及分析蔡英文的人格特質及行事風格，其實不難找到問題的答案。

不管蔡英文同不同意，不可否認，就某些部分而言，蔡英文、馬英九的相似度很高。例如，同樣擁有優良教養、台大法律系、留洋博士學歷、曾經在政大教書，兩人從政一開始就進入重要的權力圈（蔡從國安會，馬是總統英文秘書），對權力的運作有非常近距離的觀察。

因為這樣類似的背景，從蔡英文成為鎂光燈聚焦的政治領袖以來，她會不會是「女版馬英九」的問題三不五時困擾著她，面對這樣的疑問，她斬釘截鐵地回答：「我跟馬英九的基本價值取向差很多；我對人真誠，不欺騙人，做不到的事情，我不會承諾。」她甚至也開玩笑地說：「馬英九一天量三次體重，我一個月才量一次，我和他怎麼會一樣呢！」

不管她的回答是嚴肅或是輕鬆，可以看得出來，蔡英文對於這問題本身，已感到相當的不耐煩，因為兩個人的個性及領導統御風格天差地遠，拿她和馬英九類比，幕僚們認為，只是選舉花招造成的扭曲印象。

有「馬核心」，沒有「蔡核心」

一位長期接觸及觀察國內政治人物的專家分析，蔡英文與馬英九最大的不同在於，兩人在政壇崛起截然不同的背景和經驗。

馬英九是威權時代前總統蔣經國培養、拔擢的政治菁英，後來雖然經過民主政治的洗禮，但仍充滿威權時代的宮廷政治習氣，重視領導的權威，喜好小圈圈決策，加上馬英九對金溥聰的特別信賴，所以，在馬英九執政七年多的很大一部分時間裡，「馬金體制」幾乎是馬政府的代名詞。這種以「馬核心」為神經中樞的小圈圈決策及領導的模式，和國內民意當然漸行漸遠，馬英九民意支持度直直落，對自己更沒信心，所以更加保護自己，也更為倚賴小圈圈決策，形成一種惡性循環。

反觀蔡英文，她真正投身政治，成為真正的「政治人」，是在二〇〇八年總統及國會選舉民進黨崩盤之後，當時她憑藉的是一股對維護民主政治根基的責任感。但因為缺乏政治人脈和實力，在民進黨草根式的民主洗禮下，她透過真正的民主運作，結合黨內多數力量，推動民進黨的再造，也因為她習慣於以多數意見為依歸的民主決策模式，使得她愈來愈有自信心，不會依賴或受制於少數人，也從來沒有出現過所謂的「蔡核心」。

「這就是兩個人的根本不同，馬英九奉行的是威權式的民主，蔡英文遵守的是草根式的民主，所以，幾年下來，兩個人處理事情的思維以及表現出來的做法，差距愈來愈遠。」這位專家毫不猶豫地做出這樣的結論。

換位思考，站在民眾的角度看問題

十多年國際貿易談判的歷練，使蔡英文熟稔民主協商所需要的耐心、溝通、協調、妥協等元素。所以，從蔡英文接掌陸委會主委重任開始，她也把民主決策模式帶到她待過的每一個部門，傅棟成不諱言那樣的決策過程變得非常冗長，弄得大家都很煩，但是，這種決策的核心精神就是「換位思考」，要站在百姓的角度來考慮國家的重大決策，溝通及協調自然非常重要，這正是馬政府決策所欠缺的元素，也是近年重大施政寸步難移的原因。

然而，什麼是蔡英文心中「與馬英九差很多」的「基本價值」，答案無疑就是「民主」。

二〇〇八年蔡英文因為擔心在成熟的民主社會中，如果沒有一個強而有力的反對黨存在，民主政治極有可能會倒退，所以毅然決然扛起民進黨主席的重責大任，可見得「民主」在蔡英文心中的重要地位。

二〇一二年敗選之後，蔡英文走出台北，傾聽各界的聲音。她察覺經歷兩次政黨輪替後，台灣已經是高度民主開放社會，民眾對政府的期待也跟以前很不一樣。

蔡英文觀察到跟以前不同的地方在於：現在民眾已具有相當高的自主性，所以政府做事，都是要講道理的，要清楚告訴民眾，發生什麼事情、政府為什麼要這麼做。

「那現在的政府為何與社會衝突不斷？那是因為民眾期待的是更開放的社會、更多的公民參與，但是馬政府卻是用舊的威權腦袋以及決策模式來帶領一個充分民主化的國家，當然會一直跟社會衝突不斷。」蔡英文說。

確實，在一個號稱民主的社會中，政府如果沒辦法清楚跟民眾溝通、說明，為什麼做了這個決定，而只是告訴民眾，這個決定就是對民眾好，要民眾接受，那麼，現在的民眾可是會跟政府好好辯論一番的。「民可使由之，不可使知之」的時代已經過去，爆發極大爭議的《服貿協議》就是最容易理解的例子。

兩岸ＥＣＦＡ架構下的《服貿協議》以及《貨貿協議》，層次上相當於ＦＴＡ的簽訂，在韓國、美國甚至是東協各國，要與他國簽訂ＦＴＡ，都屬於政治大事，美國總統就算要使用fast track（批審貿易協定的快速授權程序），都需要花很多力氣說服國會，因為ＦＴＡ就是政治。

在沒有與社會充分溝通的情況下，馬政府透過政治運作，在二〇一四年立法院一開議，藍營立委就想用三十秒強行通過《兩岸服務貿易協議》，儘管馬政府告訴民眾通過服務貿易協議對於台灣整體來說是「利大於弊」，但是立法院想強行通過服貿的結果，就是爆發近二十年來最大規模的「太陽花學運」。

撇開兩岸之間敏感的政治問題不談，服貿協議是不是真的「利大於弊」，有待大家進一步討論，但是就算整件事情是真的「利大於弊」，那利在誰手上？弊又是會落在哪些倒楣的人身上？台灣必須付出的代價又是什麼？並不是政府說了算，這些都是政府有義務跟民眾說清楚的地方。

蔡英文觀察到，在《兩岸服貿協議》爭議上，馬政府沒考慮到兩岸之間敏感的政治問題，以及敏感的利益分配問題，僅抱持著「反正就是利大於弊」，所以做決策之後才想要跟社會溝通，而所謂的溝通也只是拍廣告用文宣告訴民眾，之後當然會引發極大的爭議，這其中欠缺的就是「民主、溝通」的元素。

在陸委會主委任內，有兩件事讓蔡英文印象深刻。

當時，社會上為了該不該開放大三通引起熱烈討論。有一天蔡英文從敦化南路二段走到一段，那段路通常大概十五分鐘可以走完，結果那一段路程，蔡英文卻整整走了一個鐘頭。

因為在路上，民眾看到蔡英文就抓著她，跟她講話，有的人抓著她說「是不能三通的」，沒走幾步又有人抓著她說「要趕快三通」，一條短短的路走下來，竟然就有這麼多不同的意見。

另外一件事，是一位美國的外交官——副國務卿曾經告訴蔡英文「他不太了解台灣」。

這位副國務卿說：「照理講，一個海島中求生存的人，應該是團結起來往外看；歷史上具有這樣特質的國家，如西班牙、葡萄牙、荷蘭甚至英國、日本，都是往外看的國家。但是他真的看不清楚台灣人，為什麼都站在台灣的邊緣往內看，而且自己人殺成一團呢？」

為什麼最需要團結的國家，卻是最對立的？把這兩件事情串聯起來，讓蔡英文深刻體認到生長在台灣的我們，正面臨著人跟人之間的衝突不斷，但問題卻沒有解決，「現在最需要找尋的就是共通點。」她說。至於如何找出共通點？則是需要透過一個機制，一個可以解開人跟人、不同立場之間彼此對立與衝突的機制。

對於現代的社會來說，最好的協商機制就是民主機制。在蔡英文心目中，所謂的民主機制就是一種大家有責任，也願意坐下來共同解決問題的一種態度。

困境中更要往前走，沒有退路

只有大家願意坐下來談，願意包容彼此不同的背景，理解不同的歷史遭遇跟歷史的記憶，民主機制才能夠成為大家共同的語言，跟解決問題的共同機制。

民主對於蔡英文而言，不是政治教條，而是個人成長的經驗，也是一種信念，因為她曾經親身經歷無數次的國際談判場合，透過一次一次不斷談判的過程中，去把國與國之間的分歧，距離那麼大的許多個人，最後縮小到有一天大家坐下來說：「We have a deal.（我們達成了一項協議。）」

民主的真義，就是每一個人對國家社會的共同責任，也是一種透過相互包容、理解所展現的社會共識和人民集體意志。

只不過，這幾年台灣經濟持續低迷，社會上也開始出現另一種聲音，懷疑台灣是不是太民主，很多事情都推不動，甚至有人開始對自己失去信心，覺得集權、實行國家資本主義的中國，效率比較好，經濟成長比較快。

過去四年來，蔡英文親自到台灣每個角落、造訪百工百業，傾聽民間的想法，這些聲音她了然於胸。她充分理解「人往前走，走不下去就想往後跑」的正常反應，因為二〇〇八年，她剛擔任民進黨主席的時候，也碰過相同的情況。

二〇〇八年蔡英文在民進黨最落魄的時候接任黨主席一職，那時候黨內有兩派力量在拉扯，一派是國會溫和路線，另一派就是主張重新回到街頭抗爭的激化路線。

當時民進黨因總統大選崩盤士氣跌落谷底，黨內因為扁案陷入分裂危機，對於民進黨未來要走哪一條路線內部爭論不休，身為黨主席的蔡英文很肯定地告訴大家「偶爾上街頭可以，但是我們不能一直在街頭上衝，我們沒有退路了，我們要往前走，我們只有做一個有執政經驗、現代的政黨這一條路可以走了。」

而現在國內經濟停滯不前、產業發展陷入瓶頸、財政惡化、對外也面臨經貿、外交走不出去的困境，台灣又再度站在抉擇的十字路口。這與三十年前蔡英文從國外回到台灣，台灣正面臨政治、經濟內外交迫的情景似曾相識。

就像民進黨跌落谷底時，想走回熟悉的街頭路線，蔡英文很清楚，每一次面臨這種抉擇的十字路口，人心總是會擺盪在往前走、或往後退之間徬徨不安，甚至就會有人想著往「熟悉」、「舒適」的回頭路走去。

但是歷史的洪流不會倒退，如果一個人、一個社會、一個國家不往前進，就只能等著被時代的洪流淹沒、吞噬，「現在的台灣就是要往前走，因為沒有退路了。」蔡英文堅定地說。

政論家孫慶餘曾說，一位好的領導人除了要有技術官僚的嫻熟，還必須兼具政治人物的身段。站在徬徨十字路口的台灣，需要的是一個很堅定的領導人。

蔡英文明白，一個國家領導人之所以能夠堅定，來自於內心對民主的堅定信仰，也就是對台灣這塊土地及人民的感情及責任。民主是她心中的主旋律，也是她對二千三百萬台灣人民的責任和承諾。

蔡英文知道，英雄主義、威權主義都已經過去，民主社會也沒有天縱英明的領導人，新時代的領導人就是帶領著社會共同找尋，一個大家能夠相互包容、凝聚集體意志，一個能夠解決問題的方法和未來的道路。

當然，蔡英文心中也會再三確認並反問自己：「是不是就是這個方法，是不是就是這條路？」當她篤定地告訴自己「就是這一條路」，她會把目光凝聚前方，義無反顧地帶領大家一起突破困境、走向未來，因為我們願意打開心胸接受彼此，台灣的未來將有無限可能。

台灣再度站在抉擇的十字路口，蔡英文堅定地說：「現在就是要往前走，因為我們沒有退路了。」她打算推動經濟的寧靜革命，目標將台灣打造成一個成熟、新型的已開發國家典範。
（照片來源：蔡英文競選辦公室提供）

Part 5

蔡英文的經濟寧靜革命

蔡英文親自解答 19 個台灣最迫切問題，並提出 5 個台灣未來具體方向。

前言

下一任總統無法迴避的問題

蔡英文正打算推動經濟的寧靜革命，最終目標是將台灣打造成一個成熟的、新型的已開發國家典範。

她充分了解，台灣經濟的核心挑戰，是經濟發展模式的問題。過去幾十年，台灣太重視出口，太重視GDP國內生產毛額成長，國家總體資源很大部分都投入出口部門，相對上，和人民生活息息相關的內需部門投入不足，發展受限。

而貿易部門長期以代工出口為重心，因為創新不足，無法因應全球貿易及競爭新情勢，以致近年出口節節衰退，經濟陷於貧血式成長；因為一味追求低成本，衍生許多破壞環境生態、食品安全及工業安全的問題；因為「國內接單，海外生產」日益盛行，使得廠商生產和在地就業及薪資日益脫節，也讓少數人攫取了大半的經濟成長果實；因為內需部門長期受到抑制，影響人民生活品質，結果內外兩頭皆落空。

蔡英文非常清楚，台灣經濟要擺脫停滯不前的局面，走出活路，就必須改變，全力推動經濟發展新模式，以「創新、就業、分配」為核心理念，推動「新動能、新均衡、新國土策略」三合一的經濟改造工程，以此帶動台灣經濟的全面轉軌。

蔡英文的目標，在打造全新的生產及生活模式，對外，可以成為亞洲乃至亞太國家典範，扮演「創新者、分享者及服務者」的角色；對內，可以促進區域均衡發展，並打造可以「聰明做、輕鬆做」、「快樂活、健康活」的「智慧台灣」及「樂活台灣」。

她強調，台灣經濟發展新模式就是邁向一個具有高度競爭力、可以讓人民安居樂業、讓年輕人有未來希望的新願景，也就是朝向一個新型已開發國家的目標邁進。

蔡英文的結論是：「我們別無選擇。」唯有跨出這一步，台灣才能脫胎換骨，台灣才不會被時代潮流所淘汰。

蔡英文提出她的結構轉型策略和藍圖，一方面，要大力培植及打造全新的研發創新能量，期望將台灣發展成為「亞太創新研發中心」，帶動產業全面轉型升級。另一方面，將致力營造能促進內需的良好大環境，建構完善的制度和法規以催化各類內需產業發展，尤其是和生活密切相關的工商服務業，最終希望將台灣打造成為生活者典範的先驅國家。

在因應短期經濟惡化問題方面，她認為正確處方是「綜合治理，精準調控」，就是綜合運用短期景氣因應對策、社會期待的各項改革措施，以及推動經濟發展新模式須展開的結構調整工程，彼此搭配，同時穩住經濟、提振企業和人民對未來的信心。

在兩岸關係方面，台灣面對紅色供應鏈的挑戰及節節進逼，蔡英文點出，從市場競爭來看，台商和紅色供應鏈競爭同一層次的產品，是缺少利基，根本之計，須朝向技術層次更高、有差異性或區隔性的產業或產品努力發展。從政府角色來看，面對對岸特有國家資本主義的不公平競爭，蔡英文認為，政府必須有更積極、有效、精準的作為，協助台商減少各種不公平競爭帶來的壓力。

針對未來兩岸經濟合作大方向要怎麼走，蔡英文強調，對雙方政府和企業而言，現在已到了一個必須盤整的時候，她希望用接近市場語言的「良性競爭，互利共生」，取代「合則兩利，分則兩害」的政治語言。

台灣參與國際經濟組織及區域整合，在國內有高度共識，蔡英文曾經說，要從世界走向中國，其中一個重要原因，是可以將政治干擾降到最低限度。她認為，加入美國主導的TPP（The Trans-Pacific Partnership，跨太平洋夥伴協定），是台灣不可錯失的最佳機會，它可能涉及到的政治因素，有WTO及APEC模式可以依循。

熟悉國際經貿談判的蔡英文認為，要成為TPP的會員國，政府需要和過去加入WTO一樣，全面動員起來。未來民進黨若執政，為因應TPP的對外談判和對內溝通協調工作，將考慮仿效日本做法，在行政院成立專責機制，指定政務委員負責，並集合相關部會的優秀談判人員及政策幕僚，全力推動此一工作。

蔡英文明白，加入TPP正如同當年加入WTO，是另一次台灣經濟轉型的工程，這和推動台灣經濟發展新模式，亦並行不悖，只要我們有堅定決心，努力達成目標，TPP就會成為台灣升級成工業先進國家的入場券。

對於外界「空心蔡」的批評，蔡英文強調，推動改革從來不是一件容易的事情，要有決心，但也必須要有策略、有方法，並依輕重緩急，建立優先順序，循序推動。年金改革成敗最關鍵的因素，在改革的過程，要能夠凝聚社會更大的共識，而不是造成社會更大的分裂和對立；財政改革要有通盤考量，訂定優先順序；解決貧富差距及世代正義問題上，沒有單一特效藥，而必須採取綜合處方；能源政策改革的關鍵在於決心和魄力，目前正是台灣推動再生能源發展的大好時機，台灣也有足夠條件同時達到非核家園及不缺電和電價平穩的目標。

在總統如何治理國家方面，蔡英文針對領導力、決策力和執行力，提出她的洞見。她認為，在民主社會，總統的領導力是來自於人民的信任，任何國家重大政策的推動，必須有多數民意支持；總統的最大責任是團結國家，必須扮演協調各方，化解紛爭的重要角色，帶領國家向前進步；總統對人民也要有同理心，了解民瘼，苦民所苦，為人民解決問題，帶給人民更好的生活。

蔡英文指出，國家領導人的決策能力和品質，取決於能否樹立一個良好的決策模式，並須尊重體制及避免「小圈圈」決策；領導人也絕對不要在壓力下倉卒做決定，尤其是涉及對外談判的決策。

她認為，在現代化的法治社會裡，執行力要建立在完善的制度設計上，機關之間要有縱向及橫向的整合機制；全國法規執行要有一致性及統一解釋；推動各項建設也要有完善的法令規章。領導人的責任是在引導及促成政府各部門建立良好制度、完善法令規章。

蔡英文最後強調，國家治理不能只靠總統個人的「英明」領導，而是要靠整個政府的團隊，未來民進黨重返中央執政更會廣納各方人才，組成最堅強的執政團隊，提升國家治理效能。

為進一步認識可能成為台灣第一位女性總統的蔡英文，經過多種形式的訪談及書面資料整理，以下特別用問答形式完整呈現蔡英文對各項政策的主張和思維。

提案

01 台灣當前的壞經濟要怎麼救？

問：最近半年多來，台灣的出口衰退，經濟成長率大幅下滑，資金外逃，股市重挫，以您的觀察，台灣的經濟出現了什麼問題？

首先，須分辨是短期景氣循環問題，還是長期結構性問題。馬政府常常將這幾年台灣經濟表現不好，推給國際大環境轉壞，意思是說，大家都不好，台灣當然也不會好，這是推卸責任，不願意認真面對台灣經濟的核心問題。

仔細觀察馬政府執政以來，全球經濟變化和台灣的關聯性，可以清楚地看見，台灣經濟是隨著國際景氣上下浮沉，也就是隨波逐流。但另一個讓我們非常憂心的現象，是台灣經濟的長期競爭力正節節衰退。因此，當國際景氣好轉的時候，台灣跟上去的幅度一次比一次小，當國際景氣惡化的時候，台灣跌下來的幅度一次比一次大，這就是長期結構性問題所造成的。

這幾年全球經濟歷經金融海嘯、歐債危機等衝擊，各國都努力在調整經濟結構，克服長期困難，但台灣很明顯跟不上全球調整的步伐，競爭力倒退，經濟表現每下愈況，當然不令人意外。

出口壞在哪？效率驅動的代工模式缺乏附加價值

台灣經濟的核心問題是什麼？追根究柢，就是這幾年我一直在強調的經濟發展模式的問題。台灣經濟成長太過依賴出口，出口總額占GDP將近七成，比大多數的國家都高；出口又高度集中在資通訊產業（Information and Communication Technology，ICT），產銷形態是「台灣接單、海外生產」、以中國大陸為工廠的代工出口模式，整體附加價值偏低。台灣是海島型經濟，倚賴出口固然無可厚非，但是，全球經濟已進入到調整期，在需求面，各國進口需求減緩，自然影響到台灣出口的動能。在供給面，近年全球供應鏈進行垂直整合及新興市場的國家加入競爭，尤其是紅色供應鏈的崛起，逐步侵蝕台灣的出口市場；當供需兩面同時出現不利變化，台灣出口成長受到影響而大幅趨緩，甚至還出現負成長，經濟成長表現當然也跟著走下坡。

從總體需求來看，GDP的組成包括國內需求和國外需求兩個部分，內需包括民間消費、投資和政府支出，外需是出口減去進口的部分。過去十年，台灣經濟成長有很高的比例是來自出口和其所衍生的投資與消費做出的貢獻，可以說台灣比絕大多數國家更加倚賴出口，這好比是只靠一條腿走路，當出口因供需條件改變而長期不振時，台灣經濟的成長動能就不斷減弱，陷入貧血式的低成長，這就是當前台灣經濟面臨的困境。

問：台灣經濟的另一個大問題，是就業機會不足，薪資停滯，實質薪資倒退回十六年前的水準，大學畢業生就業薪水只有22K，請問您，這也和經濟發展模式有關嗎？

當然有很大關聯性，基本上，代工出口是一種薄利多銷的生產銷售模式，廠商重視的是生產規模及降低成本，因而普遍雇用不必有太多專業技術、薪資較低的操作員，或者將工廠遷移到勞動成本較低的海外地區生產，使得廠商生產和在地的就業及薪資日益脫節。

代工出口業最興盛的時期，大約是一九九〇年代中期之後的十年左右時間。台灣自一九六〇年代開始就發展加工出口產業，歷經數十年的變遷，到了一九九〇年代之後，已經發展出許多極具效率、新一代的製造廠商，他們擅長改良製程和降低成本，因此成為國際上許多知名品牌產品主要的代工廠商。為確保成本優勢，很多廠商採用「國內接單，海外生產」的方式，尤其資訊電子廠商更利用對岸低廉的工資及生產成本，在兩岸進行產業分工，建立起以中國大陸為工廠的代工出口模式，打造橫跨兩岸的龐大代工王朝，為台灣出口產業締造另一個高峰。

但是，代工出口是一種效率驅動的經濟發展模式，有別於先進國家的創新驅動模式，廠商因為缺乏關鍵技術與創新，以致產品附加價值無法提高，在愈來愈激烈的國際競爭下，造成產品出口的貿易條件持續惡化，亦即出口所能換得的代價愈來愈低，導致台灣從對外貿易獲得的利益愈來愈少。

而且，愈來愈多的廠商將生產基地移到海外，也產生很大的經濟後遺症，因為企業海外投資愈來愈大，排擠國內投資及就業機會，勞工薪資也受到壓抑。當然，在全球化趨勢下，很多國家都有類似問題，但從來沒有一個國家像台灣這樣，在短短的二十多年間，出現這麼多大企業及製造工廠的外移潮，因而造成國內製造業投資普遍趨緩，就業機會不足，薪資也漲不起來，這就是國內低薪問題的根源之一。

而企業為了維持海外生產製造及經營管理，大量的國內經理人及高階人才須赴海外工作，人才流失的問題也日趨嚴重，據中研院的研究報告指出，台灣每年人才赤字達一萬五千人至二萬人，在中國大陸的台商及其幹部和家屬，估計高達一五〇萬人，當然不利於台灣長期經濟發展，也明顯削弱了台灣內需的動能。

一方面，國內資源過度集中在出口產業的發展，內需產業，尤其是服務業發展受到相對的限制，加上法規制度的落伍，這些產業沒有足夠資源投入好的發展環境，因而普遍缺乏創新能力。另一方面，台灣教育發展方向出現長期偏差，技職教育未受到應有的重視，產學落差問題十分嚴重，企業找不到足夠的專業人才從事研發創新，也忽視員工創意和價值。這些問題都加劇了國內低薪的問題。

問：近年台灣所得分配惡化問題愈來愈嚴重，年輕人生活壓力大，買不起房子，不願意結婚生子，這些問題和經濟發展模式有何關聯？

新經濟模式：新動能、新均衡、新國土策略的三合一工程

過去十年，台灣平均每年GDP成長率約有三%，但效率驅動的發展模式卻遇到愈來愈多的瓶頸，企業為勞工加薪的能力和加薪幅度也愈來愈小，扣掉物價因素後的實質工資，不但沒有成長，甚至還倒退回一九九〇年代末期的水準。受雇人員薪資報酬占GDP比率，也從一九九〇年的五一．七%降至二〇一二年四六．二%，這表示GDP成長是虛胖的，廣大的薪資階層並沒有分享到經濟成長的果實，也是近年所得分配惡化的重要原因之一。

早年台灣中小企業蓬勃發展，對促進就業及縮小貧富差距，有很大的貢獻。但新一代的代工出口製造業，著眼在跨境的區域分工，國內產業往中、上游發展，企業走向大型化、資本化，很多中小企業紛紛外移或步向式微，對就業和所得分配也造成不利的影響。

台灣最大的代工出產業是資通訊業，這些在一九九〇年代被視為高科技產業並

快速發展，造就了很多富有的科技新貴，也是經濟上所謂的「贏者圈」，但相較於所得不高的廣大勞動及薪資階層，「贏者圈」的少數人擁有愈來愈多的財富，造成愈來愈嚴重的貧富不均現象，也影響到社會和諧及社會信任的建立。

就業機會不足及所得分配惡化，剛出社會的年輕人首當其衝；年輕人是台灣的未來，如果他們對未來失去信心和希望，對整個國家是非常大的傷害。

還有，近年來台灣發生很多破壞環境生態、食品安全及工業安全的問題，也和一味追求低成本的企業文化，有很大的關聯性，這些問題不僅攸關人民生活安全和生活品質，也是台灣經濟永續發展的最大挑戰。

總而言之，在台灣已經存在二、三十年以效率驅動的經濟發展模式，也就是一味重視擴大生產規模、降低成本，忽視創新、創意及企業員工價值的傳統生產模式，它的發展由盛而衰，而且負面影響涉及的層面愈來愈廣，累積的問題也愈來愈多，走到今天已是非改不可的時候了，這也是為什麼我要將推動台灣經濟發展新模式列為未來經濟政策主軸的最重要原由。

問：您主張推動經濟發展新模式，它的主要內涵是什麼？能夠解決當前台灣經濟問題嗎？

我主張的經濟發展新模式，是以「創新、就業、分配」為核心理念。我們必須體認到，金融海嘯後全球經濟正在進行大洗牌，各國都在改變、都在調整，台灣要擺脫停滯不前的困局，走出活路，也必須改變、必須調整，從重視生產規模及成本的「效率驅動」模式，改變到以價值為取向的「創新驅動」模式。經濟發展方向和目標也必須跟著調整，要和人民的生活相互結合，要和國內就業及薪資緊密連結，如此才能維繫經濟長期競爭力及持續成長，也才能確保經濟成果能公平分配，為全民所共享。

基於這樣的核心理念，未來台灣經濟發展需要做很大的改變及調整，我認為應該朝三大方向來努力：

第一個方向，是促進新的成長動能。從需求面來看，面對貿易趨緩及競爭加劇的全球趨勢，未來經濟成長動能須從高度倚賴出口的單引擎，轉向兼顧出口和內需的雙引擎，這不是說出口不再重要，而是要用出口和內需兩條腿一起走路，這會比用一條腿走得更快、更穩。未來，出口要走向高值化、多元化，而且要連結全球和在地。在促進內需方面，首須致力增加投資，因為沒有足夠的投資，就無法持續成長動能，產業無法轉型升級，人民生活品質亦無法有效提升，所以，要積極鼓勵投資台灣、投資在地、投資未來。

從產業面來看，應該充分利用台灣在資通訊、文化創意及全球運籌等綜合性優勢，發展新形態的「台灣製造」及高值服務，強化出口競爭力。在攸關民生的內需部門，大力投資及發展可以提升生活品質和因應社會高齡化、少子女化趨勢的基礎建設及相關產業，如長照、托育、都市更新及住宅改造、社會住宅、觀光休閒、文創、銀髮產業、智慧生活、新型農業、海洋產業、綠能產業、食品檢驗、環境工程、防災技術等等，這不僅可以為經濟注入新的動能，同時也可大為提升人民的生活安全及生活品質。

還有，台灣經濟要真正轉換為創新驅動的新模式，就必須有足夠的研發創新能量，帶動產業轉型升級，徹底改變經濟的結構，這也是未來必須全力投入的重點工作。

第二個方向，是追求新的均衡。一個國家經濟發展的方向和呈現的結果，和政府設定的目標，息息相關。經濟發展的核心目標是在提升人民的生活福祉，帶給人民幸福感，但過去數十年來，我們一味鼓勵出口、追求經濟成長，在相當程度上，犧牲了經濟公平，忽略了環境生態的維護，也導致區域發展失衡、世代正義等問題，這樣結果並不能帶給人民真正的生活福祉；甚至還造成生活痛苦指數不斷飆高。

未來必須重新定位台灣經濟發展的目標及核心價值，追求新的均衡，從過分重視出口及成長，轉變成兼顧所得公平分配、生活品質提高、生態環境保護、區域平衡及世代正義維護等多元目標。我們必須將這些目標化為實際行動，體現在經濟結構調整及產業發展的各個層面上。我們也要擬定具體的行動綱領或計畫，為消除貧窮、提升公共衛生及人民健康、促進包容性成長及公平教育機會、強化資源的保育和永續利用、建構完善的社經基礎建設等，設定具體目標及達成的步驟，以追求經濟和社會全面均衡的發展。

第三個方向，是推動新的國土策略。台灣是海島經濟，國土規畫及利用必須和經濟社會發展密切的連結及配合，未來國土策略應有幾個層次的考量：在國家競爭力的層次上，我們必須面對鄰近國家及地區的競爭，也要重視兩岸之間主體性的維護；在區域發展的層次上，我們必須矯正多年來因國土利用不當所造成南北及城鄉發展失衡問題；在經濟及產業發展層次上，我們應重視國土的合理規畫利用及永續發展，在生產、生活及生態三方面能夠同步加值。

所以，未來的新國土策略，在區域經濟定位上，台灣要致力打造全新的生產模式及生活形態，成為亞洲乃至亞太國家新典範，扮演「創新者、分享者及服務者」的角色；在內部發展上，要重視「分工互補整合」的多核心區域經濟發展策略，以行政區域劃分及聯合治理為基礎，將台灣打造成為各具特色又能彼此互補的經濟區塊，從生活圈和產業鏈發展進行整體規畫，並輔以島嶼生態鏈保護的機制。

在這樣內外一體兩面的新國土策略下，台灣未來的發展，對外能立足亞太及全球，並維持主體性；對內可以促進區域均衡發展，並打造可以「聰明做、輕鬆做」、「快樂活、健康活」的「智慧台灣」及「樂活台灣」。

總體來說，台灣經濟發展新模式就是推動「新動能、新均衡、新國土策略」三合一的經濟改造工程，希望以此帶動台灣經濟的全面轉軌，邁向一個具有高度競爭力、可持續發展、人民安居樂業、年輕人有未來希望的新經濟願景，也就是朝向一個新型已開發國家的目標邁進。

提案

02 台灣要如何邁向已開發國家？

問：二〇〇八年馬政府執政後，愛台十二項建設就有產業創新走廊建設規畫，七年多來，馬政府也推出各式各樣的創新、創業方案和計畫；但顯然成效不如預期，您的主張和馬政府有何不同？如何保證能夠成功？

一個重大產業政策的推出，最重要的是須有前瞻、務實的規畫，也要有完整的配套及執行能力，但馬政府推出的政策方案經常是流於口號或文宣式的作為，當然沒有效果。

研發創新是上游、尖端的工作，必須要有遠見，掌握未來產業方向和契機，而且必須和全球技術領先的國家接軌，把人才、技術、資金集合在一起，才能力求突破，做出成果。但是，馬政府執政期間大家看得很清楚，產業政策及推動跨境合作的重心都是在看對岸的市場，對產業創新缺乏實質有力作為，我們和技術先進國家的連結度也愈來愈低，而且法規制度未與時俱進，和一個現代化國家的創新及創業環境，落差愈來愈大。

所以，這些年來，我們不僅沒有看到國內研發創新能量的提升，反而愈來愈多的人才、技術、資金跑到海外去尋求出路和機會，很多產業聚落包括過去我們引以為傲的資通訊產業，都面臨人才欠缺、投資意願不足、競爭力衰退、甚至產業崩解的危機。如果再不扭轉這樣的局面，台灣經濟看不到未來希望和願景。

推動創新：三大連結與五大計劃

要打開台灣經濟出路，就必須大力培植及打造全新的研發創新能量，把流失的機會和眾多在海外的研發人才找回來，建立新的平台，匯聚跨國人才、資金、技術及創新、創業機會，在發展下一世代的產業上，尋求突破。台灣要緊抓住全球產業趨勢，像綠能科技、生技產業、物聯網，及結合物聯網、雲端、大數據及精密機械的工業四．〇等，台灣都有發展的基礎和條件，不能再錯失機會。還有，須和先進科技的結合、軍商可互通有無的國防產業，也是台灣未來的機會。

我已請民進黨智庫邀集產學界專家草擬發展台灣成為「亞太創新研發中心」計畫，將在「三個連結」，也就是「連結未來、連結全球、連結在地」的基礎上，優先推動「五大創新研發計畫」，包括：以台南沙崙為中心的「綠能研發中心」；坐落桃園、以物聯網及智慧產品產業為核心項目「亞洲矽谷計畫」；以精密機械產業之都的台中為基地，融合台灣資通訊業及資訊產業能量的「智慧精密機械聚落」；

從中研院所在的南港園區、到竹北生醫園區延伸至台南科學園區，形成線狀聚落的「生技產業聚落」；以台北的資安、台中的航太及高雄的船艦做為中心的「國防產業聚落」。

這五大計畫是一個起步，未來政府要有更積極作為，從產業發展策略規畫、協助跨國投資合作、先進技術的取得、全面更新不合時宜的法規制度，以及教育科研體系檢討改進等方面，激發產業創新風氣和能量，進而帶動產業的全面轉型升級。

問：擴大內需知易行難，因為要有足夠的需求才能帶動內需產業的發展，但台灣陷於長期貧血式成長，勞動階層不論白領或藍領，薪資及所得停滯，生活上各種需求受到限制，而政府財政又日益困難，也沒有能力創造需求，那麼，要如何擴大內需，成為推動經濟成長的另一個引擎？

搶救內需：長照、雲端、住宅、新農業、文創的產業機會

人民生活包括食、衣、住、行、育、樂等方面的需求，是內需的重要組成，所以，擴大內需的另一層重要意義，就是提升人民生活的品質。擴大內需首先須符合經濟社會發展的趨勢及人民的需要，政府有責任建構促進內需的良好大環境，讓相關產業發展能夠跟得上經濟社會趨勢，滿足人民的需求。

台灣人口老化趨勢不斷加快，目前六十五歲以上老年人口達二八一萬人，占總人口的十二%，已進入「高齡化社會」；預估二〇一八年老年人口將升達三三五萬人，占總人口的一四%，正式進入「高齡社會」；二〇二五年老年人口將逼近五〇〇萬人，占總人口的二〇%，屆時將成為「超高齡社會」。老年人口快速增加正改變經濟社會的結構，長期照顧服務、醫療服務及相關銀髮產業的需求愈來愈可觀，政府必須在制度面做好相關調適，讓這樣的需求獲得滿足，並帶動這些內需產業的發展。

但是，馬政府因應人口老化趨勢的腳步緩慢，長照法經過立法院四年多審查到最近才通過，但仍有「預算編列不足、照顧人力不足、鄉村資源不足、社區服務不足」等四不足問題，所以，民進黨已提出的十年長照二・〇政策，配合稅收制的財源規畫，全力發展社區化的長照服務，希望用最快的速度把平價、普及的長照服務體系建構起來，將近八年的空窗期彌補起來。

具有公共服務性質的內需產業包括長照、托育、醫療、教育等服務，政府應從制度的創新與改革上，帶動產業的進步和發展，同時也能加強社會安全的保障。

網際網路的發展，包括互聯網及物聯網在各種生活相關產業如網購、網路金融等的運用，愈來愈普及，這是未來趨勢，也是產業競爭力的關鍵元素。政府有責任把網際網路發展涉及的法規制度做完整建構，相關產業就能快速地發展起來。行動支付就是一個例子，政府法規制度跟不上時代，讓台灣網路服務受到很大限制，甚至落後對岸發展，未來政府須引以為戒，絕不能再重蹈覆轍。

都市更新、社會住宅也有很可觀的需求，但要活絡起來，政府必須有很好的規畫，我在參選新北市長的時候，就已提出公辦都更及只租不售的社會住宅計畫，現在智庫更提出全國性的推動計畫，希望能同時增進人民的居住品質並帶動內需的擴大。在經費方面，政府也可以運用容積率獎勵、提供公有地等方式，降低成本及鼓勵民間業者投資參與，只要有縝密的規畫，不必擔憂經費不足的問題。

新農業發展不僅可滿足內需，而且可以替代進口，甚至能增加出口。現在台灣農業面臨很多問題，包括市場日益開放、農民年齡老化、農地破碎狹小、生產及行銷技術落伍等等問題，但我們也看到，全球興起的新農業革命也在台灣逐漸生根萌芽，運用新的科技，在農業生產、農場經營及產品行銷上，創造出新的農業價值，也讓農業生產和民眾關心的食品安全能夠加強連結。有愈來愈多傳統農民和年輕人的新農民投入新農業發展，政府如能在農地運用及管理、農業產銷等制度面進行大力興革，讓新農業可以更快速的發展茁壯，必能為台灣農業帶來另一個春天。

其他還有很多跟生活形態有關的內需產業，如觀光休閒、飲食文化、電影、流行音樂等文創產業、智慧生活、海洋產業等等，如果也能夠好好的整體規畫，推動未來發展的遠景，我們可以將台灣打造成生活者典範的先驅國家，這也是擴大內需的最終目標。

問：在二〇一二年總統大選，您就提出推動在地經濟、在地產業發展的政見主張，近來您也經常強調在地經濟和在地產業，請問，這和內需產業是同樣的概念嗎？

在地經濟、在地產業可以說也是內需及內需產業的一環，但我特別強調「在地」，主要是針對可以形成集合體、需要特別關注的經濟聚落，如鄉村、社區等。在地經濟及產業發展的重要性，在於可以結合生活、生產、就業、就養、托育等需求；在地經濟及產業的繁榮，有利於在聚落內生活的民眾可以創業或就業，這可以促進中小企業發展，減少鄉村人口外移，或減少人口向都市精華區集中等失衡問題。

推動在地經濟及產業，可以和在地的人文特色及自然資源結合，發展出具有在地特色及獨特競爭力的產業，如果配合現代化的行銷，既能夠與進口商品競爭，也可以和國際接軌，成為具競爭力的出口產業。

在地經濟亦特別重視家庭的角色和價值。例如我積極倡導「托育、長照、就業」三合一政策，就是希望針對家庭中幼兒及長者的照顧事業，可以成為社區共同參與的產業，如此既可滿足社區家庭的迫切需求，亦可提高在地經濟產值，促進在地就業，一舉而數得。

未來，地方政府和在地的研究與教育機構，應該積極協助在地產業的研發和行銷，培育相關人才；中央政府也應挹注資源協助在地經濟及產業的發展。

問：打造經濟發展新模式，從某些角度來看，包含重視環保、食安、公共安全等，都是在增加生產的成本，是否不利於短期出口及經濟成長？如果做不到，台灣下一步要往哪裡走？

與其說是增加成本，不如說是生產形態的改變。對企業生產的要求提高，或許會提高若干短期成本，有部分產業會受到一些影響，但是，這樣的改變也是一種強迫性因素，讓廠商必須提高產品的附加價值，來彌補成本的提高，這就是一種產業升級和轉型的過程。我相信，這個過程對部分廠商是一種壓力，但以台灣企業的韌性，不會是無法跨越的障礙，這一點，我是相當有信心的。

更進一步說，我們要認清全球經濟的轉變及未來競爭的趨勢，也要看清楚今天台灣經濟發展在全球的位階及遭遇的問題。最近幾年，很多人都用焦慮、失落、苦悶、無力感等來形容當前台灣經濟的困境，這凸顯出一個很嚴肅的課題，就是台灣發展已面臨一道無形的門檻，跨不過這道門檻，我們沒有辦法晉升到高收入、高生活水準的已開發國家。世界銀行將開發中國家達到每人平均GDP一萬美元左右時，陷入無法向上突破的困境，稱為「中等收入陷阱」；或許我們可以參考這個定義，將無法突破每人平均ＧＤＰ二萬美元左右的困境，稱為「中高收入陷阱」，台灣目前就近似這種狀況，所以，我們一定要找出問題癥結，跨越門檻，才能走出當前的困境。

很坦白的講，今天這樣的局面，對台灣是相對不利的，任何產業或經濟部門若停滯不前，拒絕改變，遲早會被時代的潮流所淹沒、淘汰。經濟發展沒有捷徑，目前台灣的最大問題，就是還沒有走出「賺容易錢」的生產模式，經濟和產業結構也不足以撐起一個先進國家人民生活的形態，所以，要打開台灣經濟的活路，我們別無選擇，必須改變，必須克服一切困難，走完最艱難的一哩路，跨過門檻，致力打造新的生產模式及生活形態，邁向有永續競爭力的生產模式，健康、高品質的生活形態，這也是提升國家競爭力的關鍵。台灣若能跨出這一步，很多地方都會跟著改變，台灣才能邁向一個真正成熟的、新型的已開發國家。

我們可以把推動這樣的改變，稱為台灣經濟的寧靜革命，我有堅定的決心領導國家、結合眾力，用耐心、用毅力進行這樣的改造工程，我對台灣有信心，對台灣的企業和人民有信心，也相信我們最後一定能成功達到目標。

提案

03 經濟惡化的迫切問題如何止血？

問：推動經濟發展新模式是結構改革措施，不是短期能夠見效，但眼前的問題是，出口連九黑，主計長說今年經濟成長率「保一」有困難，企業裁員風漸起，股市危機尚未解除。經濟學大師凱因斯曾說：「在長期，我們都死了！」從日本安倍三箭的經驗亦可證明，前兩箭是擴張性財政政策及激進的貨幣政策，產生了顯著效果，尤其是日本版量化寬鬆政策，但第三箭結構改革措施卻是進展遲緩，因此，要讓台灣經濟止血，恐怕不能過於寄望推動經濟發展新模式這一類結構改革措施，您認為，如果明年民進黨執政，要如何面對因應短期經濟的問題？

我在前面談到台灣需要推動經濟發展新模式，就已點出台灣的經濟情勢確實非常困難，且很多不是週期性問題，而是結構性的困難，過去馬政府沒用結構性政策來因應台灣經濟面臨的挑戰，以致問題愈來愈惡化，國家競爭力不斷衰退，陷入到

GDP成長率一直下滑的困境，這幾年台灣都在經濟成長率「保一」、「保二」、「保三」的低成長打轉，走不出惡性循環，所以，我主張政府要採取大力的政策手段，有效處理結構性問題，再配合短期經濟措施，達到「穩定中求改革」的目標。

針對近來國內出口衰退，經濟成長動能削弱，新台幣遽貶，股市重挫等問題，民進黨在八月二十六日中常會曾經聽取智庫專題報告及進行討論，並做成重要的結論和裁示。

民進黨充分認知，台灣經濟正面臨非常嚴峻的情勢，因此，要求政府應採取更有力、通盤的因應對策，並呼籲全體國人堅定信心，共抗危機，同時加速調整及改革，推動經濟全面轉軌，為台灣打開新的出路。

我們也主張，因應當前經濟情勢，須兼顧短、中、長期的問題，採取綜合性對策，包括：

一、採取強有力的措施，穩住金融及經濟情勢，避免讓經濟失去動能、陷入衰退、信心崩盤；

二、針對長期性、結構性問題，根據總體情勢，訂定處理優先順序，加速進行結構性調整及改革，讓經濟體質可以改善，強化中長期經濟競爭力；

三、推動台灣經濟全面轉軌，全力打造經濟發展新模式，為經濟注入新的動能，引導台灣經濟邁向多元創新，兼顧成長和分配，出口和內需並重，可以永續發展的新架構、新格局。

簡單來講，面對當前台灣經濟的困境，如果採取大規模短期刺激景氣措施，不僅效果有限，而且會讓結構性問題更為惡化；但若只重長期、忽略短期，任由經濟失血及企業信心的喪失，也會導致惡性循環及難以收拾的後果。所以，正確有效的做法，可以用「綜合治理，精準調控」來定調，運用短期景氣因應對策、社會期待的各項改革措施，以及推動經濟發展新模式須展開的結構調整工程，彼此搭配。同時穩住經濟及提振企業和人民對未來的信心。當然，很多改革及調整措施，和短期振興景氣努力可能相互牴觸，所以須精準調控，訂定處理優先順序，及選擇適當時機，創造政策互補的最大效應。將來民進黨執政，我們推出任何振興經濟方案，都會有執行時機、方式的規畫，以及精確的影響評估，以確保政策有效性及整體目標的達成。

問：短期經濟措施有哪些重點？中央銀行最近動作頻頻，新台幣連連貶值，利率又降半碼，但央行總裁彭淮南認為金融和貨幣政策有其局限，主張採取擴張性財政政策，您是否贊同這樣的看法？

貶值救經濟？防禦性貶值可以，但不可操縱匯率

短期經濟措施應特別重視兩大面向：一是管控金融風險；二是提振經濟動能。

當前國際金融及經濟情勢仍不穩定，美國聯準會可能升息，大陸經濟硬著陸風險升高，新興市場的國家貨幣貶值及經濟波動等，都可能引發全球金融市場劇烈波動，所以，管控國內金融風險，防止受國際或區域系統性金融危機的衝擊，至關緊要。過去民進黨執政時期，推動金融改革，打銷一兆二千億元銀行呆帳，讓台灣金融體系恢復穩健，因而能安然度過全球金融海嘯衝擊。現在政府只要能夠有效管控可能遭遇的金融風險，尤其是對中國大陸的金融曝險，我們的金融機構應有足夠能力對抗非預期的全球金融市場波動。

在匯率政策上，民進黨認為，面對全球貨幣戰興起，如果外國以大幅貶值，傷害國內的重要產業，我們必須有因應的手段，新台幣防禦性貶值所難免，但同時也須注意維持外資和市場對台灣經濟信心及對長期物價的可能影響。防禦性貶值是為避免受到其他國家競爭性貨幣貶值影響而採取的正當防衛手段，絕不是在操控匯率。

在貨幣政策上，目前國內金融機構游資氾濫，並不缺錢，國內實質利率水準也比大多數國家低，借貸成本低廉，因此，貨幣政策的效果非常有限，如果有必要再放寬信用，必須秉持以提供足夠流動性及因應生產急需為原則，並引導資金投入產業轉型升級與企業體質改善，尤其是對創新、創業的金融支援和中小企業的及時資金挹注。

經濟低迷的時候，擴張性財政政策雖然比貨幣政策更直接有效，彭總裁也強烈建議行政院應增加基礎建設及公共建設投資，但是，政府財政困難及長期財政赤字亦是嚴肅問題，也限制了財政政策運用的空間，所以，採取擴張性財政支出，要有充分評估並重視經濟效益，運用方向以照顧弱勢及投資未來為優先，例如：維持就業穩定及照顧受景氣波及的社會弱勢族群，並投資在可以幫助未來經濟發展、有收益性的公共建設及基礎建設。

問：經濟部擬修法恢復產業創新條例投資抵減，做為因應景氣變化的政策工具，您是否贊成「減稅救經濟」？是否有更好的方法刺激民間投資？

減稅救經濟？促進民間投資才是治本

以投資抵減做為對抗景氣的政策工具，應屬短期性措施，但過去在利益團體遊說下，短期減稅措施往往變成常態化，因而影響正常的稅收結構，也引發租稅公平性的爭議，所以，「減稅救經濟」必須審慎，否則，很可能又重蹈覆轍。

要促進民間投資，政府效能是最大關鍵。在國內經濟持續下滑時，政府更應釐定未來經濟方向，並透過法規制度檢討及改進，結合政府和民間力量，大力引導資金投資未來，例如：產業研發創新、下一代資通訊軟硬體發展與運用、生技、新能源、新農業、精密機械升級，以及住宅和都市更新、防災技術、食安及環保相關產業、照顧產業等，政府只要做好資源整合，建置好相關法規制度，並提供最迅速有效的服務，民間投資自然會熱絡起來。這比減稅的效果更好、更有力。

事實上，民間投資不振已是長期問題，也是產業轉型升級遲緩的癥結原因之一，所以，政府必須把各項投資所面臨的結構性與基本面問題做一個通盤檢討，並進行系統性的改革，從根本上排除民間投資障礙。

提案

04 如何迎戰紅色供應鏈及加入TPP？

問：台灣出口到對岸比重接近四〇％，對中國大陸市場依賴度相當高，近來台灣出口的衰退，很多人都把箭頭指向中國紅色供應鏈崛起，大舉取代了台灣產品的出口，您如何解讀紅色供應鏈對台灣的威脅？

過去很多人認為兩岸經貿是互補大於競爭，主因是國內業者，尤其是資訊電子業早年在兩岸進行產業分工，建立起以中國大陸為工廠的代工出口模式，台商在大陸投資設廠，從台灣進口原物料及零組件，製成產品後，銷往美歐等市場。這種以投資帶動產業內貿易的模式，基本上是互補性質。

但是，隨著時間的推移，這種互補關係已逐漸被競爭關係所取代，主因是北京當局在政策上大力發展進口替代產業，根據世界銀行報告，大陸進口零件比重已從一九九二年的六〇％降至目前的三五％，眾多在對岸設廠的台商亦逐漸在地化，向台灣採購原物料及零組件比重大幅降低，這也是何以近年台灣出口到對岸的比重一直維持在四〇%左右，這是因為紅色供應鏈崛起，在對岸設廠台商增加對在地廠商採購，減少自台灣進口所造成，也是對國內出口的不利因素。

近兩年多來，中國經濟大幅趨緩，情勢相當嚴峻，北京有更大壓力推動經濟轉型，在發展進口替代產業方面更為積極，甚至還有很多陸企仿效過去台商成功經營模式，和台商的競爭自然更趨激烈。這幾年，紅色供應鏈對台灣的威脅，從資通訊業等高科技產業，到塑化、玻璃、鋼鐵等各類傳統產業；報章雜誌愈來愈多有關紅色供應鏈威脅，甚至形容為「紅潮來襲」的各種報導，也加深民眾對兩岸經濟競爭的憂慮。過去一年，北京投入龐大資源發展半導體產業，公布「中國製造二〇二五」規畫，也就是製造業全面轉型升級的路線圖，其重點扶植的產業和台灣產業有高度雷同，未來紅色供應鏈的強力競爭，尤其是台灣主力出口的資通訊業，已是我們必須面對的非常嚴肅、也非常現實的問題。

問：台灣產業受到紅色供應鏈的挑戰愈來愈大，您認為應該如何因應？台灣經濟發展新模式是解藥嗎？不少業者和專家認為台灣仍應和中國大陸加強合作，您的看法如何？

面對紅潮來襲：必須發展區隔性產業

紅色供應鏈是中國崛起的產業面現象，是全球必須共同面對的問題。過去二十多年，中國大陸先致力於發展勞力密集的製造業，大量出口到世界各地，因而成就「世界工廠」的地位，這是中國經濟崛起的第一波效應，對開發中國家產品出口，造成很大衝擊。

最近大家談的紅色供應鏈崛起，可以說是近年北京致力推動產業轉型換代的新發展，就是對岸產業從低階的勞力密集產業轉向資本及技術成分較高的中高階產業，也可說是中國經濟崛起後對世界的第二波效應，影響國家和層面必然更多、更廣。兩岸經貿關係密切，產業分工體系廣泛綿密，在過去又以垂直分工為主，現在陸企轉型升級，打破垂直分工體系，台商自然首當其衝，受到挑戰當然更為嚴重。

因應紅色供應鏈必須從兩個層面來分析：第一，從市場競爭來看，紅色供應鏈的特色是規模大，產量快速增加，但市場價格也快速被壓低，所以，台商和紅色供應鏈競爭同一層次的產品，是沒有利基的，即使依附紅色供應鏈而能夠獲利，也是很短期的，根本之計，是朝向技術層次更高、有差異性或區隔性的產業或產品努力發展，這才是台商競爭的利基所在，也是為什麼台灣要推動經濟發展新模式的重要原因。

第二，從政府角色來看，北京往往以國家力量干預市場並挹注大量資源來協助產業的發展，相對上，台灣是自由市場經濟，又是民主政治體制，政府可扮演的角色及政策工具不多，因而台商和陸企往往是處於不公平競爭，所以，面對對岸特有的所謂國家資本主義的不公平競爭，政府必須有更積極、有效、精準的作為，協助台商對抗、至少能夠減少各種不公平競爭帶來的壓力，這樣才能讓業者有更多的緩衝時間進行調整，提升層次，強化核心競爭力，拉開和陸企愈來愈接近的距離。

市場經濟的本質就是有競爭、也有合作，業者基於商業利益的考量，和對岸企業進行合作，是無可避免的，站在政府的立場，兩岸經濟政策是以國家總體利益為依歸，尤其兩岸關係非常特殊，對企業有一些限制，亦在所難免。重點在於國家政策和企業動向不應相互悖離。二〇〇八年馬政府上任後一味強調開放的兩岸政策，以及金融海嘯後全球資金湧入對岸造成若干泡沫假象，造成一股兩岸企業合作的熱潮，但幾年下來，兩岸產業「競爭大於互補」已經明顯凌駕「互補大於競爭」之上，紅色供應鏈的挑戰，就是一個明顯的警訊。

現在中國經濟明顯遭遇到若干困難，北京強調進入經濟「新常態」，很多政策都在調整之中；對岸投資環境也發生很大的變化，台商投資也開始轉向甚至撤離；台灣經濟發展也面臨很多結構性難題，所以，未來兩岸經濟合作大方向要怎麼走？

對雙方政府和企業而言，都到了一個必須盤整的時候，政府和民間要多溝通，兩岸之間也需要更多彼此的了解和對話，我希望用接近市場語言的「良性競爭，互利共生」，取代「合則兩利，分則兩害」的政治語言；兩岸經貿關係須兼顧總體利益及市場法則，做更細緻的規畫和耕耘，才是可長可久之道。

問：很多企業界人士擔心，明年民進黨若重返執政，可能回到扁政府時代的「鎖國」政策，您如何袪除這樣的疑慮？兩岸《服貿協議》及《貨貿協議》將來會不會遭到長期擱置？

面對服貿下一步：依監督條例逐案檢視

馬政府以兩岸開放做為政策訴求，一再批評過去民進黨執政時期是「鎖國」，但面對外界批評馬政府拚經濟只想倚賴對岸輸血的時候，又拿扁政府時期出口到對岸比重及對中國大陸貿易倚賴度大幅增加等統計數據做比較，強調沒有倚賴對岸；可見對民進黨「鎖國」的指控是一種惡質、扭曲的政治操作。

面對全球化及區域整合的趨勢，市場相互開放是無可避免的，但開放也要考慮到對內部的影響和衝擊，所以，先進國家政府都有處理市場開放的完整配套機制，台灣以貿易立國，更需要有市場開放的配套機制，尤其兩岸關係須處理的問題更為複雜，不能只是一味強調開放。過去我就提出一個觀念，如果說「鎖國」是水泄不通的一道牆，「國家安全網」就是用一道網來處理開放問題，該過去就讓它過去；需要防護的就用網擋下來，具體來講，就是一種經濟安全防護或風險管理的機制。過去民進黨執政，因為兩岸同時加入ＷＴＯ，在兩岸貿易和投資方面做了很多開放及調整，但也建立了安全網機制，對開放的風險進行有效管理，這就是和馬政府不同的地方，也是一般民眾較信賴民進黨能夠把關政策的原因。

兩岸《服貿協議》及《貨貿協議》，屬類似ＦＴＡ談判的範疇，要能順利成功，就必須經過耐心談判，得到雙方都可以接受的結果，同時，也需要對內部有充分的溝通，獲得社會共識，才能順利可行。《服貿協議》就是因為過程不透明，而且沒遵循民主程序，才會引發很大的風波。

關於兩岸協議的處理，我在四月十五日民進黨中執會正式通過二〇一六年總統大選提名後的公開談話已講得很清楚：「民進黨將承擔改革責任，堅定推動完成《兩岸協議監督條例》的立法，為兩岸持續交流協商，建立周全規範；對於現在仍在進行協商或審議的《兩岸協議》，未來重返執政後，將依監督條例逐案檢視，繼續協商，將兩岸的互動，引導到一個具有堅實民意基礎的民主軌道上。」這是我對社會的承諾，未來絕對會堅持不變，貫徹始終。

問：面對中國大國崛起，台灣要如何突破參與國際經濟組織及區域整合的阻力？未來會以加入ＴＰＰ為重點嗎？如果加入ＴＰＰ是我們的重點，我們要如何獲得大國的支持？將做怎樣的準備？

面對TPP談判：借鏡日本，成立專責機制

台灣要加速融入全球經貿體系，可以說是大家的共識，也是避免過於倚賴單一市場的重要途徑。

台灣參與國際經濟組織及區域整合，很難避免國際政治因素，也就是來自北京的政治干擾。我曾經說，要從世界走向中國，其中一個重要原因就是可以將政治干擾降到最低限度。目前台灣已是WTO及亞太經合會（APEC）正式成員，當年可以有尊嚴的加入，主要就是透過國際的折衝，也建立了一定的模式。

在現階段，國內經常談到台灣應該優先加入的區域經濟組織，就是TPP及RCEP（Regional Comprehensive Economic Partnership，區域全面經濟合作夥伴協定），其中，北京對RCEP有很強的主導力量，台灣要加入恐難免須觸及敏感的主權問題，這一點若沒有辦法說服對岸加以排除，就會變成很大的政治障礙。

TPP是由美國主導，歷經五年多談判，在今年十月五日達成協議，十二個成員國占全球四成GDP及三分之一的貿易量，成立後將主導亞太貿易規則制定權。一般預料，在主要國家完成國內批准程序後，最遲明年底前可以生效，之後將開放

其他國家參加第二輪談判。

加入ＴＰＰ是國內朝野的共識。六月初我到美國訪問的時候，深深感受到美方非常重視台灣的經濟自主性，以及參與國際經濟組織的決心和實力。我也向美方表達，希望台灣能夠參加ＴＰＰ第二輪談判，根據ＴＰＰ相關規則，包括台灣在內的所有ＡＰＥＣ成員都可以申請加入第二輪談判，估計最慢二〇一七年就可提出申請，對台灣而言，是一個不容錯失的絕佳機會，時間也很緊迫。當然，也不排除中國大陸未來參加ＴＰＰ，但已有ＷＴＯ及ＡＰＥＣ的國際折衝經驗和模式，兩岸問題處理有例可循，相對較為容易。

為達成加入ＴＰＰ第二輪參與談判目標，台灣必須展現出加入ＴＰＰ的決心，爭取各成員國的認同，而且也必須做好能夠達到ＴＰＰ高標準自由化的準備工作。

要成為ＴＰＰ的會員國，法治的穩定及可預期性，是基本要求，所以，有關貿易、投資、智慧財產權、環境保護、公平競爭與勞動標準的制度和法令規章，必須和其他ＴＰＰ會員國有一致性，因此，我們必須就這些制度和法規進行全面的檢視，並做好調整的規畫。另一方面，我們也須就制度法規調整和談判所涉及市場開放對產業的衝擊影響，進行全面性的評估，據此擬好談判的策略及因應配套措施的規畫。

民進黨的智庫已經設立了一個ＴＰＰ特別小組，就台灣加入ＴＰＰ的談判議題和需要進行各項準備及調適工作，進行全面盤點，並且與產學界召開多次會議，著手規畫加入ＴＰＰ的路徑圖（road map）。我們也和美國、日本等重要經貿夥伴的官方和智庫廣泛交換意見，掌握最新資訊，並就台灣加入ＴＰＰ涉及的重要議題，包括：結構調整與改革的需求、遵守國際標準的範疇、法規與行政程序的合理簡化，對特定產業的投資、政策協調乃至網路資訊安全等，展開先期研究及對話。我們已有充分的準備，在重返執政後擔負起加入ＴＰＰ的重任。

問：過去台灣加入ＷＴＯ，歷經十多年談判，您當時是談判總顧問，全程參與，經驗豐富，明年若民進黨重返執政，您對加入ＴＰＰ談判乃至加入其他區域組織或國際協議有什麼樣的構想？ＴＰＰ涉及很多敏感議題如美牛、美豬及農業開放等，您會如何因應處理這些棘手問題？

要加入ＴＰＰ這樣高品質、高標準的自由貿易協定，對外是一項艱鉅的談判工程，對內也需要廣泛的溝通協調和各部門的調適準備，所以，政府需要和過去加入ＷＴＯ一樣，全面動員起來。過去為加入ＷＴＯ，培養了很多有經驗的談判人才，但這些年來已陸續流失，未來民進黨若執政，將培養並重建談判能量，以因應ＴＰＰ及未來國際、區域的多邊、複邊經濟協定談判，包括我們已經加入由二十多個WTO重要成員推動的《服務貿易協定》（Trade in Services Agreement，

TiSA）的談判等。

要達成TPP這樣龐大、複雜的對外談判及內部溝通協調的任務，不但是高度專業性、政策性的工作，而且也要有很高的政治敏銳度，所以，若要順利推動TPP，政府部門需要建立一個強有力的專責機制，來負責這樣的工作。

日本的經驗可以提供我們參考。安倍首相在二〇一三年訪美時正式宣布日本加入TPP談判，一個月後就在內閣設置了「TPP政府對策本部」，主要任務包括國際談判、政府內部政策協調及對社會和媒體的溝通，這個專責機制由經濟再生大臣主持，直接對首相負責，以提升跨部會協調的地位和能量。在本部之下設置負責談判的首席談判官及負責協調部會的國內協調統籌官，幕僚人員除了來自各部會的一百多位專業幕僚之外，另外有兩百多位分散在各部會的工作人員，在TPP相關業務上，也直接接受本部指揮。

這項獨特的制度在日本是一創舉，日本是最後加入TPP談判的國家，因為擔心政府一般機制無法克服各部會的本位主義，也無法完成這麼複雜的談判任務，所以由首相直接介入指揮，成立「TPP政府對策本部」的機制，此一非常措施有其必要，也發揮了預期效果。

未來台灣因應TPP的對外談判和對內溝通協調工作，可考慮仿效日本做法，如可在行政院成立專責機制，指定一位政務委員負責，賦予兼具跨部會政策協調及等同大使級的對外談判責任，下設任務編組的專業幕僚單位，集合相關部會的優秀談判人員及政策幕僚，全力推動此一工作。由於涉及經濟和外交的雙重任務，府院可充分協調配合，做為此一專責單位的後盾，讓工作推動更為順利。

加入TPP是另一次台灣經濟和國際全面接軌的工程，和推動台灣經濟發展新模式，是並行不悖且可相輔相成，政府和民間要共同合作，因應市場開放衝擊，輔導及協助弱勢產業轉型，只要我們有堅定的決心，按照路徑圖一步一步去做，加入TPP就會成為台灣升級為工業先進國家的入場券。

問：最近您在民進黨黨慶外交使節酒會提出「新南向政策」，未來要深化和東南亞及印度的關係。過去前總統李登輝和扁政府時期，都曾推動「南向政策」，但似乎都無疾而終，究竟「新南向政策」和過去「南向政策」有何不同？也有人提到「新南向政策」國家剛好都落在中國大陸的一帶一路「海上絲綢之路」上，從兩岸關係來看，是否會有衝突？

面對東協競爭：擴展觀光、教育、醫療的產業交流

台灣和東南亞國家有長期、密切的經貿往來，過去李登輝總統和扁政府時代，基於經濟和外交的雙重考量，皆曾推動「南向政策」，也為提升台灣和東南亞國家的實質關係，做了很多扎根工作。

在此時提「新南向政策」，主要是考量幾方面的因素：第一，由東協十國組成的AEC（ASEAN Economic Community，東協經濟共同體）預計於二〇一五年年底成立，是繼歐盟之後最大的區域經濟體；美、日、歐盟等國近年來紛紛搶進東協國家，著眼的是六億人口的市場，台灣和東南亞經貿關係深厚，更不能忽視東協經濟共同體的影響。

第二，這幾年中國大陸經濟成長速度放緩，加上投資環境改變，台商大量移往東南亞，有必要引導並結合這樣的力量，擴大台灣和東協國家的貿易和實質關係。

第三，南亞地區包括印度次大陸的諸多國家，發展潛力十分可觀，台灣需要擴大出口市場，分散風險，將南亞地區做為重點，賦予「南向政策」新的意義，極有必要。

東南亞和台灣在經濟、產業結構和資源上，有非常強的互補性，台商在東南亞也有廣泛的投資和貿易的網絡，若進行全方位的規畫，系統性的執行，可以充分發揮彼此的互補性，開拓共榮多贏的空間，也可讓整個亞洲的經濟更有活力。

在民進黨時期，台灣也開始努力開拓印度市場，去年印度新任總理莫迪（Narendra Modi）上任後，勵精圖治，為印度帶來各方面尤其在經濟上的新氣象，世界銀行看好印度在二〇一七年成長速度將超越中國；此時台灣加強和印度的經貿關係，前景亦大有可為。

台灣與東南亞及印度等合作，除傳統的投資和貿易外，可擴展到產業、觀光、文化、教育、醫療等多面向的雙向交流合作，未來不僅可形塑經貿夥伴關係，也希望建立一個穩定、長期的實質交往模式。

「新南向政策」是基於台灣在區域經濟可以扮演的角色及對外拓展經貿關係的需要，不是為了和中國大陸在東協及南亞區域合作上相互競爭，和一帶一路的性質亦完全不同，在參與區域經濟合作方面，兩岸之間有很大的相容空間，不必做無謂的比較和解讀。

提案

05 如何解決貧富差距並落實世代正義？

問：當前台灣經濟面臨很多急迫性問題，亟需政府大刀闊斧的改革，如年金改革、財政改革、解決貧富差距及世代正義問題，還有民進黨主張非核家園，也牽涉到能源改革及是否會缺電的問題，但迄今為止，您提出的政見往往被批評空洞化或根本做不到，請問，未來如當選總統，您如何保證社會期待的各項改革不會落空？

當前台灣經濟、社會乃至政治各層面皆面臨很多嚴峻挑戰，推動改革刻不容緩，但改革從來不是一件容易的事情，因為各種制度改革往往涉及不同利益的糾葛及相互牴觸的政策目標，甚至可能激化不同群體間的矛盾與衝突，所以，推動改革要有決心，但也必須要有策略、有方法，並依據事情的輕重緩急，建立優先順序，然後循序推動，才能降低困難與阻力，達到改革的最終目標。

不會停止的改革：年金制度、世代正義、非核家園

民進黨已提出五大改革方案包括：「實踐世代正義」、「改革政府效能」、「啟動國會改革」、「落實轉型正義」及「終結政治惡鬥」，做為重返執政後國家具體的政治改革方案。在經濟及社會面，我們也陸續提出很多改革方案。為有利於改革的順利推動，我們根據問題的性質、複雜程度及牽涉到不同群體的利益衝突等各層面的影響，提出我們的主張，或許有若干地方不盡如各方之意，但最終目的就是要落實推動改革，不讓社會期待落空。

以年金改革來看，大家都很清楚，各大退撫基金或保險潛藏近一八兆元鉅額債務，如果不積極解決，將無法避免破產危機。馬政府已推出年金改革方案，也送到立法院審議，民進黨及各界也提出相對建議或主張，但是，在過去改革過程中，或許是為了要凸顯問題，造成某種程度的社會分裂及對立，反而升高改革的困難和阻力。

年金改革的大方向和原則，其實社會上有一定的共識，民進黨提出的主張包括：採取漸進式的調整、簡化目前過於複雜分歧的年金給付制度、適當延後年金請領年齡、逐步合理化年金的所得替代率等基本原則，大多數人也都可以接受。所以，關鍵問題是在改革的過程，要能夠凝聚社會更大的共識，而不是造成社會更大的分裂和對立，這才是未來改革成敗最關鍵的因素。

所以，民進黨重新執政後，將組成「國家年金改革委員會」，由跨黨派學者專

家、雇主、受雇者、政府代表共同組成，提出可行的年金改革方案；並召開「年金國事會議」，凝聚共識，推動落實改革。提出這樣的主張，彰顯的是我們重視國家的團結和諧、重視改革的過程，因為急躁的改革通常是失敗的開始；對立的社會亦無助於改革的成功。

其次，財政改革問題，牽涉更為複雜。民進黨執政八年，將過去日益惡化的國家財政問題恢復到穩健的水準，但馬政府執政七年多來，是歷來最會花錢的政府，也是負債最多的政府，從二〇〇八年以來，中央政府每年的歲出規模總額平均較民進黨執政時期增加兩千八百億元，因而造成財政的快速惡化。但當前總體經濟情勢很不樂觀，為改善財政而加稅的可行性不高，反而需要政府擴大支出、彌補需求不足的壓力升高，在這樣的情況下，財政改革要做通盤考量，訂定優先順序，不可能一步到位。

未來要改善政府財政，應該優先從支出面著手，強化財政管理的能力，嚴格控管政府收支刪減浮濫、不必要的支出，並落實中長期預算制度，讓政府把錢用在該用的地方，提高政府支出的效率。另外，為舒緩地方財政問題，修正《中央和地方財政收支劃分法》，也應列為優先改革事項。總之，民進黨重返執政後，將推動穩健的財政改革，逐步解決棘手的政府財政問題。

在解決貧富差距及世代正義問題上，我們很清楚，這是整個經濟和社會結構的問題，沒有單一特效藥，而必須採取綜合處方。未來將從多層面進行同步努力，例如：推動經濟發展新模式，促進就業和所得公平分配；促進區域及城鄉均衡發展，確實改善偏遠地區醫療及教育資源不足問題；檢討改革社會福利制度，落實對弱勢者照顧及基本生活保障；漸進推動租稅制度改革，體現租稅正義；推動社會住宅及房市治理等政策，實現居住正義；掃除青年就業和創業障礙等，多管齊下，舒緩貧富懸殊及世代不公平問題。

至於能源改革問題，關鍵在於有沒有決心和魄力去做。在日本三一一大地震後，台灣社會對於邁向非核家園，已有高度的共識。為推動二〇二五年達成非核家園的目標，同時也為提高台灣能源自給率及因應全球氣候變遷，民進黨已提出新能源政策及綠能科技創新產業政策，我們的目標就是大力發展潔淨的替代能源及再生能源，以二〇二五年再生能源達總發電量二〇％為目標，同時，持續更新火力發電新機組，發展綠色智慧電網，建立可循環的能源系統，並積極推動節能、節電措施，以保證民進黨執政之後，絕不會缺電。

直到現在為止，執政當局及部分擁核人士對民進黨能源政策改革仍不斷地批評、甚至惡意扭曲，對企業和人民進行恐嚇，指民進黨明年若執政，台灣不僅會缺電，而且電價會大幅上漲。為什麼會有這些批評、甚至恐嚇，追根究柢，原因只有一個，就是執政當局及擁核人士仍不願意放棄核電的使用，所以，對任何推動非核家園所做出的努力，都消極以對，甚至刻意低估替代能源及再生能源的發展潛力。

世界各國都在積極發展再生能源，美國民主黨籍總統參選人、前國務卿希拉蕊七月底提出她的能源政策，主張全美國在二〇二〇年以前裝設五億面太陽能發電板，讓太陽能發電量比目前增加七倍；並設定二〇二七年美國三三％電力來自再生能源。美國是能源自給率很高的國家，為因應全球氣候變遷，都不遺餘力發展再生能源，台灣能源自給率不到三％，一年能源對外採購支出將近新台幣兩兆元，為什麼還如此害怕發展再生能源呢？

所以，有沒有決心和魄力才是能源政策改革的關鍵，全世界再生能源技術正不斷進步，發電成本持續下降，正是台灣推動再生能源發展的大好時機，再配合現有火力發電新機組的持續更新、電力負載的有效管理、能源循環使用以及節電等措施，台灣有足夠條件同時達到非核家園與不缺電和電價平穩的目標。我也期待當前的執政當局不要繼續在這個議題上糾纏，朝野共同努力為實現非核家園做出積極、正面的貢獻。

問：總統治理國家，領導國家方向，做成重大決策，並對國政執行負有督導責任，馬英九總統之所以備受批評，很多人認為關鍵問題是出在他的領導力、決策力和執行力。也有很多人說，宋楚瑜是一個有執行力、會做事的人，選總統就要選會做事的人，請問您對領導力、決策力和執行力有什麼樣的看法？有人說您沒有地方首長的歷練，那您自認是不是一個能做事、會做事的國家領導人？

未來新領導人：以人民意志做為施政的依歸

總統是人民直選出來，擔任總統就是一種責任的承擔，要實踐對人民的承諾，領導國家往人民期待的方向發展，為人民帶來希望和幸福。

我認為，要做一個好的國家領導人，最基本的條件就是要堅守民主的核心價值，恪遵民主法治的規範，以人民的集體意志做為施政的依歸。在民主社會，總統的領導力是來自於人民的信任，任何國家重大政策的推動，必須有多數民意的支持，才能夠順利、有效的執行。過去這幾年，很多國家政策推動都是站在民意的對立面，因而招致很大反彈，甚至引發社會的衝突和對立，這樣的問題不斷地重複發生，當然會失去人民的信任，領導力也會受到很大質疑。

好的領導人也要能夠化解分歧，帶領國家向前進步。在民主社會，對國家的重大政策，往往會有分歧的意見，領導力的體現，就在於能否引導社會在不同的立場和意見中，尋求最大的交集，凝聚共識，讓國家不致因分歧而停滯不前。總統的最大責任是團結國家，扮演協調各方、化解紛爭的重要角色，唯有充分認知總統的責任和角色，才能領導國家向前邁進。

還有，對人民的同理心，也是領導國家的重要條件。總統必須深入社會，深入基層，了解民瘼，苦民所苦，為人民解決問題，帶給人民更好的生活，這也是國家領導人必須承擔的責任。

國家領導人的決策能力和品質，取決於能否樹立一個良好的決策模式，國家的重大決策，事先應充分蒐集資訊，並廣徵各界意見；在研擬政策過程中，要針對政策的效果、影響，以及可能涉及不同群體的利益衝突與相關社會效應，做專業的評估與充分討論，領導人須有衡平的考慮，再做出最後的決策。當然，決策也涉及到政府體制和人的因素，尊重體制及避免「小圈圈」決策，也是減少決策失誤及風險的要件。另外，領導人絕對不要在壓力下倉卒做決定，尤其是涉及對外談判的決策，因為倉卒決策往往會有很大的後遺症，也會帶來更多後續的壓力。

政府重大政策的執行，往往涉及很多中央和地方機關，也涉及行政和立法兩院的互動，甚至涉及司法相關問題，所以，政策執行要有統合能力和魄力。不過，在現代化的法治社會裡，執行力要建立在完善的制度設計上，機關之間要有縱向及橫向的整合機制，才能破除各行其是、本位考量，例如中央政府和地方政府之間要建立定期和不定期的聯繫和協調機制；地方政府也可建立區域聯合治理機制，強化行政協調合作及資源整合運用；全國法規執行要有一致性及統一解釋，才能增強執行效能；推動各項建設也要有完善的法令規章，須大幅翻修《採購法》、獎勵民間參與《公共建設條例》及《ＢＯＴ》等相關法規，相關規定要嚴謹細緻，讓各個執行單位有明確的執行標準，才不會有標準不一或因擔憂圖利企業而消極作為等問題。領導人的責任在引導及促成各政府部門建立完善的制度及法令規章，則執行力自會大幅提升。

國家治理不能只靠總統個人的「英明」領導，而是要靠整個政府的團隊，民進黨有堅強的團隊及眾多傑出優秀的縣市長，治理能力及累積的經驗可以彼此互補，未來重返中央執政，更會廣納各方人才，組成最堅強的執政團隊，這也是提升國家治理效能的最有力保證。

蔡英文
從談判桌到總統府

作者	張瀞文
商周集團榮譽發行人	金惟純
商周集團執行長	王文靜
視覺顧問	陳栩椿
商業周刊出版部	
總編輯	余幸娟
責任編輯	潘玫均
封面設計	黃聖文
版型設計完稿	張靜怡
出版發行	城邦文化事業股份有限公司－商業周刊
地址	104 台北市中山區民生東路二段 141 號 4 樓
傳真服務	(02) 2503-6989
劃撥帳號	50003033
戶名	英屬蓋曼群島商家庭傳媒股份有限公司城邦分公司
網站	www.businessweekly.com.tw
製版印刷	中原造像股份有限公司
總經銷	高見文化行銷股份有限公司 電話：0800-055365
初版 1 刷	2015 年（民 104 年）11 月
定價	320 元
ISBN	978-986-92161-3-5

國家圖書館出版品預行編目（CIP）資料

蔡英文：從談判桌到總統府／張瀞文著 . -- 初版 . -- 臺北市：城邦商業周刊，民 104.11
232 面；17×22 公分
ISBN 978-986-92161-3-5（平裝）

1. 元首 2. 選舉 3. 臺灣

573.5521 104019690

紅沙龍

Try not to become a man of success but rather to become a man of value.
~Albert Einstein (1879 - 1955)

毋須做成功之士，寧做有價值的人。 —— 科學家　亞伯・愛因斯坦